ザ・ドリーム・マネジャー　モチベーションがみるみる上がる「夢」のマネジメント

Originally published in the United States and Canada as THE DREAM MANAGER
This translation published by arrangement with Hyperion
through The English Agency (japan) Ltd.

自信を持って夢に向かっていけ。
あなたの思い描くままに生きるがいい。
——ソロー

活力ある社員、活力ある会社を生みだす卓越したアイデア

『あなたのチームは、機能してますか?』著者
パトリック・レンシオーニ

人を動かす力強いアイデアとは、たいてい決まって単純明快なものだ。そしてそれらは往々にして、意外なところから生みだされる。本書『ザ・ドリーム・マネジャー』は、この両方の法則を見事に証明するものである。

企業の経営陣や管理職は、なんとか社員にやる気を起こさせ、彼らが隣の芝生を求めて去っていかないよう、さまざまな方策を講じている。だがここ30年で、定年までひとつの会社で勤めあげるという考えは希薄になってしまった。そして企業にとって熟練した労働力を確保できるか否かは、もはや待ったなしの経営課題になっている。

人材の流失にともなうコストが、新たな求人と再教育とにかかる費用にとどまらないことは、経営者ならみな知っている。何ごとにも懐疑的な経営者でさえ、有能な人材を確保しモチベーションを高めつづけることができれば、それが会社の競争力強化につながることは認めるはずだ。

多くの経営者や人事責任者たちは、人材確保の方策として報酬や福利厚生にばかり注意を向けている。給与を引きあげ、ボーナスを増額し、ストックオプションを与え、休暇を増やし、ときには職場へのペットの持ち込みさえ許可する。しかしその効果はせいぜい一時的なものでしかない。

実際には、金銭だけのために働く人間はごく少数である。もちろん金は必要だし、仕事を決める際の一要素であることはまちがいない。だがやる気を起こさせ、「この会社を辞めるなんてとんでもない」と思わせるには、もっとはるかに有効な、しかもより費用のかからない方法があるのだ。

本書を読み終えたあなたは、おそらくわたしと同じような感想を持つにちがいない。「どうしていままでこんな簡単なことに気づかなかったのか。いわれてみれば、これほどあたりまえのこともないのに！」これこそが、本当の意味ですぐれたアイデアの証である。

著者の卓越したアイデアの真骨頂は、「企業の利益に貢献すると同時に社員の利益にもなる」という点にある。いうなれば、安くて効率的であるうえに環境にもよいエネルギーを発見したようなものだ。

ただひとつの懸念は、著者の提唱するセオリーをはなから受けつけない経営者もいるにちがいないということだ。彼らはいうだろう。「ばかばかしい、こんな単純きわまりない話は聞いたことがない」

そんな彼らに私はいおう。「まさしく、あなたのおっしゃるとおり！」

人を動かすアイデアは、いつでも単純明快きわまりないのだ。

はじめに――社員のモチベーションを左右するものは何か？

会社の将来と社員の潜在能力は密接につながっている。

「組織を動かす1人ひとりが理想の自分になろうと懸命に努力すれば、その組織は理想の状態に近づく」これは会社だろうと学校だろうと、役所や非営利団体やスポーツチームだろうと、どこででも通用する普遍的真理だ。経営者、役員、管理職、従業員がそれぞれ個人としての可能性を追求すればするほど、組織もまた発展するのだ。

だからこそ、職場に広く蔓延する士気の低下は大問題となる。実際、今日の管理職はみな、この問題に直面しているといっていい。程度の差こそあれ、**現代の労働者は仕事にも、会社にも、いっしょに働く人間にも愛着が持てなくなっている。**そしてこの士気の低下が、モラルや効率、生産性、安定的成長、顧客サービス、会社の収益になんらかの悪影響をおよぼしている。

仕事への集中力という観点から見てみよう。

あなたの会社の社員は100パーセントの力で仕事をしているだろうか。それとも85パーセント？　60パーセント？　50パーセント？　最悪の場合、仕事はしないで給料だけもらおうと決めこんでいるかもしれない。

人件費でいうと、仮に社員が平均75パーセントの力で仕事をしているとしたら、生産性の面だけでも25パーセントは資金を無駄にしていることになる。そればかりか、やる気のない社員は顧客との関係に悪影響を与えるなど、多方面におよぼすネガティブな要素を考えあわせると、その損失額はさらに大きくなる。

すでに40年近く前、ピーター・ドラッカーは、われわれの会計システムの最大の誤りは、バランスシート上で人間を負債に計上することだと指摘した。会計上、機械やコンピュータは資産、人間は負債として仕分けされる。もちろん、有益な人材が会社の重要な資産であることは誰もがわかっている。しかし実際の組織運営やマネジメントでそれを正しく認識し、活かしているとはいいがたいのではないだろうか。

なぜか。社員の士気を高めたいと思いながらも、そのための実際的で効果的で経済的に実現可能な方法を見つけられないでいるからだ。

本書で紹介する**「ドリーム・マネジャー」というコンセプトは、士気の低下へと向かうこの悪しき傾向を劇的に反転させ、組織の大小にかかわらず人々をもう一度やる気にさせ、ひいては会社の競争力を飛躍的に高めるために編みだされた**ものである。

これまで企業は、価格や品質、生産量、顧客サービス、オペレーションの効率化、商品力などを競いあってきたが、これからは新たに、人材をめぐる闘いに挑まざるをえなくなる。すでに始まっていると見る向きもあるだろうが、本格的な闘いはこれからである。「ビジネスウィーク」は、今後10年間に、あらゆる分野、地域、産業で役員クラスの21パーセント、一般管理職の24パーセントのポストが空席になるだろうと報じている。加えて、高齢化、労働人口の減少などを考えあわせると、高度に専門的な仕事からまったくの単純労働まで、あらゆる階層で人手不足に悩まされるのはまちがいない。

しかも仕事にふさわしい人材を雇えば、それで事足りるわけではない。いかに彼らを魅了し、鼓舞し、定着させるかが、事業成功のための最優先課題となる。

サッカーチームの監督は、選手を引きつけ、育て、組織化し、士気を高めることが第一の仕事である。監督もチームオーナーも、自分たちの成功が選手の育成いかんにかかっていることを熟知している。才能を見出し育てることこそが最優先事項なのだ。

経営者や管理職の優先事項が彼らとちがうと考える理由がどこにあるだろうか。

「理想とする企業になること」、それが会社の目標である。

では、社員の目標は何か。「会社が目標を達成できるようにすること」と多くは答えるかもしれないが、それはちがう。社員1人ひとりにとって最大の目標は、「理想の自分になること」である。経営上のセオリーや慣習が暗黙のうちに前提としているのとは裏腹に、**人は会社のために存在しているわけではない。会社が人間のために存在する**のだ。

顧客のために存在することを忘れた企業は、やがて退場を余儀なくされるだろう。社員は会社の最初の顧客であり、もっとも影響力のある顧客であることを忘れてはならない。

人間の目標は、理想の自分になることだ。

多くの人は、社員が理想の自分になれるような環境をつくることと、会社が理想の姿に近づくことを同時に実現するのは不可能だと考えている。なかには、両者は両立できないどころか、まったく相反するものだと考える人もいるだろう。だが実際には、このふたつは驚くほど相互補完的な関係にある。

これから読んでいただくのは、ある会社のリーダーとマネジャーたちが、どのようにしてやる気のない社員たちの士気を高め、それによっていかにビジネスを変えていったかという物語である。

このストーリーのなかには、「仕事のみならず人生のすべての局面でわれわれを突き動かすものは何か」という核心が込められている。

あなたが大企業の経営者であろうと、小さな部門の責任者であろうと、あるいは学校の校長でもスポーツチームの監督でも、はたまた家庭内のチームワークに悪戦苦闘する親でも、毎日の仕事に意味を見出したいと漠然と思っている会社員でも、本書を読めば必ずや、あなたの人生を永遠に変える何かを発見していただけるにちがいない。

Dream manager

I

物語

1 変化のきざし

離職率のゆううつ

サイモン・ロバーツにはわかっていた。このままではいけないと。

曇り空の月曜の朝、のろのろと車を走らせながら、彼は仕事のことを考えていた。このところやる気が失せているのが自分でもわかる……。

サイモンは決して怠惰な人間ではない。それどころか、やりがいのあることにチャレンジするのが好きだった。だが最近はどうも前向きになれず、そのことが彼の心を暗くしていた。何か手を打たなければ――だが何を変えればいいのか、どこから手をつければいいのかがわからない。

アドミラル清掃サービスに転職したのは4年前。当時は問題を解決すること、そして仲間といっしょに働くことに情熱を燃やしていた。

サイモンの名刺には「総務担当取締役」と記されていたが、この4年間をふりかえると、そのほとんどを採用関係に費やしてきた気がする。実際、労働時間の75パーセントを「T」問題に割いてきたことを考えると、「採用担当」という肩書きのほうがふさわしく思えた。「T」とはターンオーバー、すなわち離職率のことだ。アドミラル社では、この言葉はタブーだった。

最近では多くの企業が離職率の問題を抱えているし、職場でのチームづくりが、かつてないほど難しくなっているのはたしかだろう。だが、「うちの会社だって……」という人がいたら、ためしにトイレ掃除をやりたいという人間を探してみるといい。それこそが、サイモンがこの4年間のほとんどを費やしてきたことだった。

アドミラル清掃サービスは社員400人ほどの会社だが、年間の離職率は業界平均を上まわる400パーセント。チームスピリットも士気も低迷していた。

サイモンは社の駐車場に車を停めながら、気力が萎《な》えていくのがわかった。これからまた始まる1日を、どうやって乗りきればいいのか……。

頭のなかでは息子が小さかったときに聴いていたクマのプーさんのテープの同じ箇所が、何度もくりかえし響いていた。「いつもと同じことをやれば、いつもと同じものが手に入るのさ」

昇給より先に……

「まったく、これじゃ金がいくらあっても追いつかないな!」

グレッグがそういいながら、いきなりサイモンの部屋に入ってきた。ノックすることなど考えたこともないのだろう。なにしろここは彼の会社なのだから。

グレッグは弱冠17歳のときに1人でアドミラル社を興し、25年で400人を擁する中堅企業へと育てあげた。

金も成功も手に入れた実業家となったいまでも、職業を問われると、彼は決まって「掃除屋」と答える。たまに出席するフォーマルなパーティでも同じように答えると、人は最初のうち彼が冗談をいっていると思って笑う。だが、ほどなく彼が大まじめだと知るやたちまち笑いは消えうせ、気まずさだけが残された。

グレッグは起業家だった。彼さえその気ならどんな商売でもできるだろう。実際、いち早く世の中の流れを読みチャンスをつかむ能力は並はずれている。だが少々短気でじっくり腰をすえて考えるのが苦手なところがある。

「いったい何にそんなに金がいるんです？」サイモンは訊きかえしたが、本当はなんのことを話しているのかよくわかっていた。

「この離職率だよ！」いらだちもあらわに、グレッグがいった。

先週金曜日の午後、サイモンは社長の机に月次報告書を載せておいたのだ。そこには今四半期の離職率が記されていた。過去3カ月のアドミラル社の離職率は107パーセント。この90日間に、じつに436人が会社を去っていた。

「正確な損失額は算出不能です」サイモンはいった。「なにせ3カ月に3度も雇いなおさなくちゃならない職種もあるくらいですから。それに、損失は採用にかかるコストだけにとどまりません。**離職率の高さは士気や作業効率、顧客の満足度の低下にもつながります。**だからこそ去年からずっと、これは深刻な問題だといいつづけてきたんです」

グレッグはうなずいた。「ああ、わかってる、わかってるよ。いまやそのせいで、わが社は顧客まで失いそうだ。P&Gのチャーリーから電話があったよ。90日の猶予つきで改善を求める要求書をうちに発送するそうだ。彼がいうには、最近のわが社は仕事がずさんで、常に顔ぶれが変わる。いろんなことがおざなりになっていると感じてるらしい」

サイモンはじっと座ったまま、思案顔で社長を見つめていた。

グレッグがいった。「さあ、話はわかっただろ。とにかく昇給だ。そうすれば社員を引きとめることができるんだろ?」

「だといいんですが……。断言はできません」サイモンは答えた。「効果もわからないのに、いたずらに資金をつぎこむのは避けるべきです。ここはひとつ、離職の原因が何かを調べてみませんか? なぜ彼らが辞めていくのかを」

「どうやって?」

「彼らに直接、訊いてみるんです」

「ふうむ……」グレッグがうなった。彼には思ってもみなかった答えだった。

「離職率の高さは
士気や作業効率、顧客の満足度の低下にもつながります」

現場に訊け！

次の朝、サイモンとグレッグは離職問題についてさらに話しあうため、近くのカフェで落ちあった。サイモンは、くつろいだ雰囲気でメニューもサービスもすばらしいこの店でのブレックファスト・ミーティングが気に入っていた。

「で、きみはなぜうちの社員が辞めていくのか、直接訊いてまわろうっていうんだな？」

グレッグは、皮肉まじりに尋ねた。

「先月、アメリカン航空の社長の記事が出ていたのをご覧になりましたか？　あの会社では飛行機の給油コスト、とりわけ空港でほかの航空会社に給油してもらうコストが、経営を圧迫するほどかさんでいたそうです。でもある日彼は、なんの解決策も見出せずに終わった役員会のあとで、ふと思いついた。ダラスの中心部にあるオフィスを出てフォートワースにある整備場へ行き、そこで働いていた整備士を何人かつかまえて、どうやればコストの問題を解決できると思うか訊いてみたんです。

するど彼らは、黙って顔を見あわせた。微笑んでいる者もいれば、ただ首を振った者もいたけれど、全員が解決策を知っていたんです。ロサンジェルスまでの往復分の燃料を全部ダラスで積みこめばいい、と。

重量が増すぶん燃費は悪くなるし、上空で余分に燃料を使ってしまったときには補充が必要になることもある。それでも第三者と契約を結んでロサンジェルスで給油するのに比べたら、ずっと安くつくというのです。

1年後、アメリカン航空はこのたったひとつのアイデアで、数百万ドルの経費削減に成功しました。燃料の原価が上昇したにもかかわらず、です」

グレッグが黙ったまま考えこんでいるので、サイモンはさらに続けた。

「**現場の従業員はビジネスについて、われわれの知らないことを知っている**んです。アンケートをとって、なぜこれほど多くの人間がわが社を辞めていくと思うかを訊いてみるべきだと思います」

「アンケート？　それでいくらかかるんだ？」

常に収支が頭から離れないグレッグが尋ねると、サイモンは肩をすくめていった。

「いまの段階ではなんともいえません。でもやる価値はあると思います。きっと、びっくりするような答えが聞けますよ」

アンケート開始

サイモンはその週のうちに、アンケート用の簡単な質問事項を作成した。目的はただひとつ、なぜアドミラル社に人が定着しないかを知ることだ。

そして翌週の月曜の朝、４０７名の社員全員にアンケートを配布した。

最初、社員たちは応じようとしなかった。皮肉をいう者もいれば、疑いのまなざしで見る者もいたが、多くはただ警戒していた。無理もない。彼らにしてみれば、こんなことは前代未聞、自分たちが慣れ親しんできた日常とはまったく異質のできごとだった。

「人が辞めていく理由を、なんでオレに訊くのかね？　そんなこと、辞めていった連中に訊きゃいいじゃないか」

サイモンは食堂で、ある従業員がそういっているのを耳にした。

課長の何人かは勇敢にも彼の部屋に直接やってきて、いったい何を知りたいのかと問いただした。サイモンはまず彼らをくつろがせてから、この一件は誠意を持って対処してほしい、直属の部下たちにも同じことを伝えてほしいと頼んだ。

「アンケートに自分の名前を書く必要はない。ただ記入して、提出してくれればいい。アンケート用紙にも書いておいたように、毎月大量の人間を雇い入れているいまの状況を、このままいつまでも続けるわけにはいかない。だから何か方策を見つけたいんだが、社員が辞めていく理由を知るには、社員自身に訊くのがいちばんいいんじゃないかと思ってね」

ほどなくしてアンケートが集まりはじめ、それからの2週間で187枚が彼の手に戻ってきた。それは誰の予想をも上まわる数だった。

木曜日の午後から、サイモンはアンケートを1枚1枚を読みはじめた。そして1時間後、読むのをやめて椅子に背中をあずけた彼の顔には笑みが広がっていた。「こんな単純なことに、いままで気づかなかったなんて……」

シャトルバス

社員が辞めていく最大の理由、それは通勤の足だった。アンケートから浮かびあがってきたのは、給料でも福利厚生でもなく、交通手段がないことによる通勤問題だったのだ。

「自分たちで考えていたら、決してこの答えにはたどりつかなかったでしょうね」サイモンは社長にいった。「われわれにしてみれば、車は生活の一部、持っていてあたりまえです。でも従業員の多くは職場の近くに住んでいるわけでもないのに車がない。運転免許さえない者もいます。それなのに、公共交通機関が動いていない時間や利用するには危険な時間帯に働くことも多い。地域によっては、こんなところのバス停にじっと立っていたくないと思うのも当然でしょう」

「予想とは裏切られるものだな」グレッグは驚嘆したようにいった。「ぼくはてっきり、『給料』という答えが返ってくると思ってたよ」

サイモンは微笑んだ。「誤解しないでください。彼らだって金はほしい。でも通勤の問題を指摘する声は、経済的理由の倍に達してるんです」

「わかったよ。それで、どうしろと？」グレッグがいった。「全員に車を買えとでもいうのかい？」

皮肉は受け流して、サイモンは続けた。「うちの部でいろいろ案を出しあってみたんですが、カー・プール制は不確定要素が多すぎて無理です。そこで考えたのは、彼らの住む地域と職場とを結ぶシャトルバスの運行です」

グレッグが彼の顔をひたと見つめた。「そりゃ、やりすぎというもんだよ、サイモン。

そんなことはクスリでもやってるか、さもなくばクスリの必要なやつのいうことだ」

「社長は離職問題を解決したいんじゃなかったんですか。**直接金をばらまくことも可能ですが、それではたいしたインパクトは期待できない**でしょう。本気でこの問題に取り組みたいなら、通勤の足こそもっともインパクトのある方策です。そう従業員たち自身がいってるんです。われわれがこれをなんとかしようと努力するなら、それだけで彼らの信頼を勝ち得て士気を高めることができます。ひいては仕事の効率や生産性にもいい影響をおよぼすでしょう。だがいま彼らのいうことを無視すれば、問題は永遠に問題のままです」

「次の質問をするのが怖くなってきたな」

「社長が知りたいのは『いったいいくらかかるか』でしょう? でも問題は、いくらかかるかではなく、いくら無駄にせずにすむかです。どう計算するかで数字はまちまちですが、高離職率のコストは、社員1人あたりの賃金の25〜150パーセントだといわれています。管理職クラスなら100〜225パーセント。つまりわが社の現在の賃金総額からすると、内輪に見積もっても年間200万ドルになります。ひと月でおよそ17万ドル、1週間で4万ドルですよ」

グレッグは無言でにらみつけたが、サイモンはかまわず続けた。

「うちの部で何通りかシミュレーションしたところ、運行費用は月に1万2000ないしは1万5000ドル、それで少なくとも離職率を20パーセントは下げられると考えています。計算してみてください、社長。ためしに3カ月やってみればわかるはずです。実際にはもっとずっと早く結果が出ると思いますが」

「いいだろう」グレッグは渋々了承した。「だが、もしきみがまちがっていたら、そのときは――」

「そんな脅しはききませんよ。正直いって、わたし自身いまの状況にはもううんざりなんです。この問題をなんとかできなかったときには、クビにするまでもありません。辞めさせてもらいます」

翌週、「日中は従業員の居住区域に設定した4カ所を送迎拠点とし、夜間はそれぞれの家に送迎する」というシャトルバス運行計画が発表され、3週間後に本格導入された。

結果はすぐに現れた。

直接金をばらまくことも可能だが、
それではたいしたインパクトは期待できない。

社員は見ている

まず目立って表れたのは、社員の心境の変化だった。毎週定例の会議の席上、経営陣は4人いる地区担当部長から次々と報告を受けた。その1人、ブラッドがいった。

「従業員のなかには、毎日が生きていくだけで精一杯という人もいます。彼らが今回のことをどれほど感謝しているか、みなさんには想像もつかないでしょう」

「そのとおりです」別の部長ジュアンがいった。「ちょっとしたことのようですが、おかげで従業員の生活が少しは楽になったわけで、それを彼らは非常にありがたいと思っています。わたしたちが社として従業員の苦労を理解しようとしているという姿勢が、彼らにはとても意味のあることなんです」

実際にシャトルバスを利用するのは半数に満たなかったにもかかわらず、結果として強力なメッセージが発信されることになった。

バスが走りはじめてから、社内に活気が生まれた。グレッグもサイモンも、何かを指示されたときの社員の態度が以前と変わってきていることに気がついた。

いつしか、社内に協調精神が芽ばえ、敵愾心《てきがいしん》が消えはじめていた。

社長の心変わり

1年後、アドミラル社の離職率は約400パーセントから224パーセントに下落した。離職問題は依然として深刻で、解決すべき最優先事項だったが、状況は確実に改善された。この年、史上最高益を計上したが、グレッグもサイモンも、その最大の要因が離職率の低下にあることを知っていた。

離職率だけではない。前年度に比べて病欠者が31パーセント、遅刻者は65パーセントも減少した。課長からの四半期レポートには、このことが課長自身にもチームにとっても大幅なストレス軽減になったと記されていた。

サイモンはその部分にアンダーラインを引くと、レポートを社長の机に置いて退社した。

その夜、帰宅する車のなかで、サイモンは心からの満足感を味わっていた。問題がすべて解決したわけではないし、いまでも大量に人を雇い入れなければならない状況は変わっていない。だが彼自身のなかに、革新的な一歩を踏みだしたというたしかな手ごたえが生まれ、それが深い達成感をもたらしていた。


次の朝、サイモンは部屋にやってきたグレッグに、思いがけない言葉を贈られた。

「これまでことあるごとに、きみのいうことに疑いをはさんできたが、今回のアンケートとシャトルバスのアイデアはすばらしかった。みんながストレスを減らしていくのを目のあたりにしたからね。おかげでぼくも会社に来るのが前より楽しくなったよ。ときに無礼なことをいったり短気を起こしたりすることはあるとしても、きみには感謝してるってことを、この際伝えたいと思ってね」


サイモンはわが耳を疑い、しばしあっけにとられていたが、社長の言葉をようやく飲みこんだときには別の話になっていた。

「ぜひもう一度、アンケートをやろう！」グレッグが威勢よくいった。

サイモンは、椅子から転げ落ちそうになった。「アンケートはお嫌いじゃなかったんですか？」

「きみがそういうのも無理はない。だがそれは、このあいだまでの話だ。アンケートは金がかかると思って嫌いだったが、じつはアンケートをやれば儲かるとわかったんだ。さあ、さっそく次の手を探してくれ」

「次の手?」サイモンはわざと訊きかえした。

「社員がアドミラルを辞めていかないようにするための次の手だよ!」鼻息荒くグレッグがいった。

「それから、アシスタントをもうひとり雇うといい。これからは忙しくなるだろうからね。とにかく、離職問題を根本から解決して、すばらしい会社をつくろうじゃないか」

2 夢はかなう！

前提を疑う

サイモンはこの絶好のチャンスを逃すまいと心に誓った。

ふたたび会議を招集した。

「われわれが大きな一歩を踏みだしたことはまちがいないが、離職問題を完全に解決するには、まだやらなければならないことが残されているはずだ」

サイモンは部長たちに語りかけた。「そこでもう一度、同じ質問をしよう。なぜこんなに多くの人間が、わが社を辞めていくのだろうか」

ほとんどがただ肩をすくめ、「給料がもっと高ければ辞めないだろう」というようなことをいった。

そのとき、サンドラが話しはじめた。と同時に全員がいっせいに彼女のほうをふり向いた。なかには怪訝《けげん》な顔をしている者もいる。

このサンドラ・アンダーソンこそ、サイモンの新しいアシスタントだった。彼女は少しもひるむことなく、みずからの意見を述べた。

「問題は、仕事に未来が見出せないことだと思います」

そんなことは、この部屋にいる誰もがわかっていた。だが幹部社員たちはもはや、それについては考えないようになっていた。どうせどうすることもできないと思っていたからだ。

「勘弁してほしいな」業務部長のジェフがいった。「この際、本音で話そうじゃないか。誰が見たって未来なんかない仕事なんだ。あなただって、現場の人間だって、そんなことはわかってるはずだ」

「そうでしょうか」サンドラはあえて問いかえした。

ピーターがジェフを擁護した。彼は、スタジアムやコンサート会場を清掃する第一地区担当の部長である。

「ジェフのいうとおりだと思うな。きれいごとをいってもしょうがない。トイレ掃除や、オフィス清掃や、スタジアムのゴミ集めが、未来のない仕事じゃなくてなんなんです？そうじゃないと思いたい気持ちはわかるが、事実は事実だ。高校生のときに清掃員に憧れる人間なんていやしないんだから」

「そういうことじゃないんです」サンドラがいった。入社してわずか1週間にもかかわらず、いや1週間だからかもしれないが、彼女は恐れず声をあげた。

サイモンは体じゅうの筋肉が緊張するのがわかった。社長が彼女を一蹴してしまうのではないか――。実際、よくあることだった。物を投げたり、どなりつけたり……。だがグレッグは短気を起こすことなく、こう尋ねたのだ。

「どういう意味かな、サンドラ？」

彼女はひとつ咳払いして、いった。「考え方ひとつで、未来のない仕事にもなれば、これをひとつのステップにすることも可能だということです」

「ステップっていったってねぇ、いったい何へのステップだ？」ジェフが皮肉たっぷりに訊きかえし、部長たちの何人かが忍び笑いを漏らした。

「続けてくれ、サンドラ」グレッグが促した。

「たとえばですが、人はみな夢を持っています。もしわが社で働くことが夢の実現につながるとわかれば、離職問題は改善されるのではないでしょうか。この1週間ずっと、わたしは離職問題についてのレポートを読んできましたが、わが社の社員の平均勤続期間はおよそ半年です。1年前は3カ月でした。もしこれを3年にすることができたら、それだけで、わたしたちのビジネスを劇的に変化させることができると思うのですが」

「彼女のいうとおりだ」サイモンが続けた。「彼らがいまやっている仕事と、彼らが夢見ている豊かな未来とをなんとかして結びつけないかぎり、われわれは永遠にこの離職問題に悩まされることになる」

「バカなこといわないでくださいよ」ジェフが反論した。「彼らが夢見る豊かな未来ですって？　なんのスキルもない単純労働者ですよ？　豊かな未来なんて夢見ちゃいませんよ」

「それなら見られるように手を貸せばいい」サイモンはやりかえした。

「どう考えたって、これは先のない仕事なんです。誰も清掃員になることを夢見やしない。それが現実ってもんだ。変えることなんかできないですよ！」ジェフが声を張りあげた。

テーブルを囲む面々もみな、首を縦に振っている。

それでもサイモンはいい張った。「わたしはできると思う」

「彼ら1人ひとりが〝現在〟と〝よりよい未来〟とのあいだに橋をかけられるよう、手を貸すことはできるはずだ。夢こそが、その架け橋なんだ。われわれはこれが先のない仕事なんかじゃないと彼らに納得させる必要がある。そしてそうするには、**ここで働くことが自分の望む未来につながると具体的に示すことこそ、唯一の方法だ**」

夢のない人生なんて

結局、結論が出ないまま会議は終わった。そして、ジェフがそのことに満足していたことをグレッグは見逃さなかった。

サイモンは力なく自分の部屋に引きあげた。彼にとってこの1年は大きな進歩の年であり、楽しかったし、達成感を得ることもできた。だがいまふたたび、壁にぶち当たっていた。今回の壁は社長ではない。幹部社員たちだった。

椅子にどさりと腰を落とすと、サイモンは身体ごと窓を向いた。

「何を考えてるんだ?」いつのまにか現れたグレッグが声をかけた。

ここで働くことが自分の望む未来につながる
と具体的に示すことこそ、唯一の方法。

「社長は他人の部屋に入る前にノックしようと思ったことはないんですか」

「ないね」グレッグがにやりと笑った。

「わたしが何を考えていたか？　いろいろですよ」サイモンはそういって、言葉を切った。

「聞かせてくれないか。今日のぼくは珍しくのんびりムードでね、人の話に耳を傾けたい気分なんだ。きみもよく知ってるように、こんなことはめったにないことだからね」

グレッグが椅子に腰をおろすと、サイモンは話しはじめた。

「たとえば誰かに『あなたの仕事について話してほしい』というと、よほどの情熱を注いでいるのでもないかぎり、たいていは紋切り型の答えか、何千回もいい古したような宣伝文句が返ってきますよね。でも夢について尋ねると、その情熱とエネルギーたるや驚くべきものがあります」

「それで？」

「サンドラは大事な点をついていたと思います。たしかに夢こそが、人間の原動力なんです。だとしたら、彼らの毎日の仕事と夢とを結びつける方法を見つける必要がある」

「どうもよくわからないが……」グレッグは先を促した。

「もしわれわれが手を貸すことで、彼らがもう一度夢を取りもどし、かつその夢をかなえることによって、ただ生きていくだけで精一杯の毎日から抜けだすことができたとしたら、**彼らのなかに絶大なる忠誠心と献身とが芽ばえる**とは思いませんか。**そうなったら彼らは、夢への情熱とエネルギーを仕事にもそそいでくれる**ようになるでしょう」

グレッグは黙ったきり、じっと考えこんでいる。

「じゃあ、こう考えてみてください。社長、あなたにとって夢は大切ですか？」

「ああ、とても大事だ」

「夢は社長の原動力ですか？」

「もちろん。ずっと夢を追ってここまで来たんだ。もしもぼくに追いかけるべき夢がなかったら、じつにみじめな人生だったろうね。朝ベッドから出られるのも夢のおかげ。まさに、夢あっての人生だよ」

「おっしゃるとおりです。だとしたら、夢は社員にとっても同じくらい大切で大きな原動力になるはずです」

みんな同じ人間だから

翌朝サイモンが出社したとき、グレッグは社長室にいた。

「昨日の夜は、映画を観ても少しも集中できなかったよ。それもこれもきみのせいなのはわかってるだろうな」

「どうなさったんですか？」

「サイモン、たしかにきみは核心をついてるんだと思う。ぼくにとっては怖いようなわくわくするような、複雑な心境だが……。さっきサンドラに頼んで、きみの午前中のミーティングはすべてキャンセルしておいた。きみのいう人間と夢とやらについて、もう少し話しあいたいと思ってね」

サイモンは微笑んだ。これまで社長との関係はかなり味気ないものだった。社長がやってほしいことをいい、サイモンはそれをみずからやるか、誰かにやらせる——ただそれだけの関係だった。いま、目の前の社長は、まるで生まれ変わったように穏やかで思慮深い。そんな社長にはまだ慣れなかったが、サイモンはいまの彼が好きだったし、いまのままでいてほしいと思った。

「さてと、きみが人間について発見し理解したことを話してくれるかな」グレッグが口火を切った。

「わたしたちは、人間が人間であることを忘れているんじゃないかと思うんです」

サイモンは話しはじめた。「従業員やスタッフのことを、ウォルマートでは『アソシエート』と呼び、マクドナルドでは『クルー・メンバー』、スターバックスでは『パートナー』、ディズニーランドでは『キャスト・メンバー』、わがアドミラル社では『チーム・メンバー』と呼んでいますが、どう呼ぼうと、彼らがまず人間であることが忘れられている」

グレッグが興味を引かれ、真剣に耳を傾けていることがわかったので、サイモンはさらに続けた。

「人間を特別な存在にしているものは何か。それは、豊かな未来を想像し、未来に希望を託し、その未来に向かって歩む能力です。これは人間だけが備えている能力であり、それはまた、夢に向かって前進するプロセスでもあります。これと同じプロセスを、偉大な個人、一族、チーム、企業、国家はみな、たどってきたんじゃないでしょうか」

サイモンはここでいったん言葉を切ると、ひと口水を飲んだ。

「ある意味で、夢こそ人生です。ところが人は、生きるための闘いに足をとられて、夢を見ることをやめてしまうことがある。そしてやめてしまったが最後、静かな失望のなかで生きるようになり、日々の生活から少しずつ情熱とエネルギーが失われていくことになります」

「なかなか勉強になるよ」グレッグがいった。「だがいまの話がビジネスにどう関係するのか、わが社の離職問題をどう解決するのか。それに、はたして会社が社員の夢をかなえる手伝いまでする必要があるのかどうかもよくわからないな」

「わたし自身もまだ100パーセント確信があるわけじゃないんです」サイモンが答えた。「でももし、彼らの毎日の仕事と将来の夢とを結びつけることができたら、ビジネスを変えてしまうほどのエネルギーが生まれるにちがいありません。社員の夢を手助けするのがわれわれの務めかどうかはわからなくても、**『おたがいの夢が実現できるよう助けあうのが、あらゆる人間関係の大切な基本**だとは思いませんか?』と、訊かれたらどうですか?」

ふたりの話しあいはそのまま数時間続き、ほかの社員からの面会希望や電話を一手に処理していたサンドラも、ついに限界に達した。

社員の誰もが、こんなに長い時間をかけてあのふたりはいったい何を話しているのだろうとささやきあった。

夫婦で夢を語る

その夜、サイモンはベッドに入っても寝つかれず、社長との会話を何度も思いかえしていた。横で眠っている妻のメラニーを見つめていると、自分でいったことがくりかえし頭に浮かんだ。〈おたがいの夢が実現できるよう助けあうのが、あらゆる人間関係の大切な基本だとは思いませんか？〉

ふと、自分がメラニーのいまの夢を知らないことに思いいたった。

初めて出会ってデートをしはじめたころは、よくおたがいの夢を語りあったものだった。そのころ、メラニーの夢は結婚して家族をつくることだった。だがすでにこの家から子どもたちが巣立って数年が経つ。

〈いまの彼女の夢はなんだろう？〉

来月には銀婚式を迎えるというのに、たがいの夢についてちゃんとした会話をしてこなかったことに気づき、サイモンの胸は痛んだ。そのときどきですべきことや、夫婦や子どもたちの生活をどうしていくべきかといったことは話しあってきたものの、夢について語りあうことはなかった。
サイモンは改めて眠っている妻を見つめた。枕に栗色の髪を広げ、静かに胸を上下させている。自分が愛する女性がここにいる――だが彼女の夢はなんだろうか？
眠れない頭に、さらに眠れなくなるような考えが浮かんだ。〈わたしがなりふりかまわず自分の夢を追いかけているあいだに、彼女はいくつ夢をあきらめたのだろう〉
心は深く沈み、ついには涙がこみあげた。

朝になり、メラニーが目覚めたとき、サイモンは横になったまま、まだ彼女を見つめていた。結局、一睡もできなかった。目を覚ました妻を彼はやさしく抱きしめた。そうして、ふたりは将来の夢を語りはじめた。

それから午前中いっぱいを使って、これからふたりでやりたいこと、行ってみたい場所、ほしいもの、大切にしたい人間関係、そして心のなかに眠っていたそれぞれの夢を紙に書きだしていった。

そうやって「夢のリスト」をつくったサイモンとメラニーは、これからはここに書いた夢を忘れないようにしようと誓いあった。夢を実現するまでには、長い道のりが待ってい

妻の夢はなんだろう？

ることはわかっている。だが、とにかくふたりは最初の一歩を踏みだしたのだ。

夢を訊くアンケート

メラニーとの経験に導かれるように、サイモンは会社で次の行動に出た。サンドラの助けを借りながら、1週間で次のアンケートを準備した。彼らはこれを「夢アンケート」と呼ぶことにした。今回は、社員の夢について理解を深めることが目的だった。

「これまでわれわれは、社員にビジネスのことを尋ね、なぜ人がわが社を辞めていくと思うかを訊いてきました。次に必要なのは、彼らを動かすものがなんであるかを知ることです」サイモンは社長と幹部社員を前に主旨を説明した。

「金ですよ」地区担当部長の1人が口をはさんだ。

「かもしれない。だがわたしは、そんな単純なことじゃない気がするんだ」サイモンはいった。

夢アンケートの質問はただひとつ、「あなたの夢はなんですか?」だった。

社員のなかには奇妙な顔をする者もいれば、いろいろいう者もいたが、初回のアンケートの一件はすでに語り草になっていて、あのアンケートのときから在籍していた社員には、経営陣たちがアンケートの結果をないがしろにしないことはわかっていた。

アンケートが回収されはじめると、アドミラル社の社員たちにも夢があることは、すぐに明らかになった。それから数週間かけて、サイモンとサンドラはそこに書かれた社員1人ひとりの夢をていねいに読みこんでいった。

サイモンは彼らの夢の多様さに目を見張った。自分たちにとってはあたりまえのことが、ある人にとっては憧れるだけの遠い夢でしかないことも知った。そして**幹部社員たちの多くが、部下のやる気をかりたてるものがなんなのかをまったく理解していなかった**こともはっきりした。

大学に行きたい従業員もいれば、子どもを大学に行かせたい従業員もいた。車がほしい者もいれば、休暇がほしい者もいた。ある従業員はただ「ちゃんとしたクリスマスを」と書き、また別の従業員は「子どもたちにもっといい生活を」と書いていた。英語を勉強したい人、スペイン語を教えたい人、それから自分で商売をやりたい人も少なからずいた。

では、もっとも多かった夢は？　自分の家を持つことだった。

アンケートに答えてくれた人のじつに6割以上が、持ち家を夢のひとつにあげていた。

〈驚いたな〉サイモンは心のなかでつぶやいた。

ちょうどそのとき、グレッグが部屋に入ってきた。

「結果は、どうだった？」

「社長、彼らにもちゃんと夢はありましたよ。内容はいろいろですが、どれもこれもシンプルな夢ばかりです。彼らにだって、それをかなえるチャンスが与えられてもいいはずです。仮に、彼らのうちの何人かの、どれかひとつでもいいから夢がかなえられるよう手助けできれば、会社に対する絶大な忠誠心を育むことになるでしょうね」

サイモンの答えは期待以上のものだった。グレッグは思わず胸を躍らせたが、わざと意地悪く訊きかえした。「それで、われわれは何をすればいいんだ？」

一瞬の間があって、サイモンが顔をあげた。

「わたしにもまだわかりません」

休日、社長の家へ

天才と狂人は紙一重というが、土曜の朝、社長の自宅を訪ねるとき、サイモンは自分自身がそのどちら側にいるのかよくわからなかった。

グレッグはサイモンがやってきたとき、ガレージの前で車を洗っていた。彼が家へ来たのは、4年間でわずかにこれが2回目、グレッグはいやな予感がした。

「何かあったのかい?」グレッグは芝生のむこうに声をかけた。

「いや、そういうわけじゃないんですが」サイモンはいった。「突然お邪魔してすみません。でもついに考えついたんです」

「考えついたって、いったい何を?」少しからかうように、グレッグが訊きかえした。

「社員の夢と仕事とのあいだにどうやって橋をかければいいか、をです」

「ほう、聞かせてもらおうか」

「ドリーム・マネジャーです!」サイモンは高らかにいった。

「えっ?」

「わたしたちにはドリーム・マネジャーが必要なんです」

「なんだい、それは?」好奇心と皮肉とが入り混じった声で、グレッグが尋ねた。

「ドリーム・マネジャーとは、社員が夢を実現できるよう手助けする人間のことです」

「で、そのドリーム・マネジャーとやらは、どうやって手助けするんだ? それに仮にわたしがその、とても正気とは思えないアイデアに賛成したとして、いったいどこからドリーム・マネジャーなんてものを探してくるんだ？」

「ドリーム・マネジャーは社員の夢についていっしょに話しあい、夢を実現するための計画づくりを手伝います。その後、社員はひと月に1度ドリーム・マネジャーと会って、進捗状況を確認し、次のステップについて話しあうのです。

どこから探してくるかという点については、わたしはカウンセラーとファイナンシャル・プランナーの両方の要素を持った人が適任じゃないかと考えています。ほとんどの夢には、経済的要素がからんできますから」

グレッグは長いあいだサイモンの顔を見つめてからようやく口を開いた。「ちょっと待ってくれ。きみが相当な時間をかけて考えてきた話がこれなのか？」

サイモンは黙ってうなずいた。

「まったく、どうかしてる！」

「かもしれません。でも仮にこれがうまくいったときのことを考えてみてください」

「で、いくらかかるんだ？」少し声をやわらげて、グレッグが訊いた。

費用を訊かれるのはわかっていたので、すでに簡単な試算はすませてあった。サイモンはにっこりと微笑んで答えた。

「1年間の試験運用にかかる費用は、この1年で削減できた経費の20パーセントにも満たないと思います。ですがもう一度いわせてもらえば、訊くべきは『それによって、どれだけ無駄にせずにすむか』です」

「じゃあ訊こう。どれだけ無駄にせずにすむんだ？」

「もしこれが成功すれば、莫大な利益をもたらすとわたしは考えています。5年間で粗利と売上を倍増させることも可能です。それだけではありません。**マネジメントの方法自体を革命的に変えられる**んです」

グレッグは黙りこんで自分の世界に引きこもっている。サイモンは質問をすることで彼の注意を引き戻した。

「ひとつ訊かせてください。夢の実現に手を貸してくれた人に対して、社長自身は感謝しますか？」

「ああ、するとも。ものすごくね」

「では、社員からそんなふうに感謝されたいとは思いませんか？」

「もちろん思うさ。そう思わない経営者なんていないよ」

「これがうまくいったら、わが社の活力と雰囲気は劇的に変わると思いませんか？」

「そりゃそうだろうが、でも……」

「社員が夢に向かって歩いていけるよう手を貸すことで、われわれは他に類を見ないほどすばらしく活気ある職場をつくりだすことができるんです！」

そのとき、玄関のドアが開いて、グレッグの妻がふたりに鋭い視線を向けた。

「そろそろ行かないと」妻のほうを気にしながらグレッグがいった。「遅くならないうちに子どもたちを連れてブランチに行くと約束したんだ。続きは月曜に話そう」

勇気の大きさ

今度はグレッグが眠れぬ夜を過ごす番だった。横になったものの、少しも眠気を感じないまま2時間が経った午前1時、彼はついにベッドから起きだし、家のなかをうろつきはじめた。

気がつくと、リビングルームの本棚の前に立っていた。読書は苦手だったが、黄色い表紙の小さな本に自然と手が伸びた。それは『勇気の言葉』という格言集だった。1ページに一文だけで、白い余白もたっぷりある。これならなんとか読めそうな気がしてページをめくってみた。

●大きな1歩を踏みだすことを恐れるな。
大きな裂け目は小さな2歩では飛びこせない。
●リスクをとる勇気のない者は、人生で何も成し遂げることはできない。
●時宜を得たアイデアほど力強いものはない。
●勇気を持て。そうすれば偉大な力が助けてくれる。
●人生の大きさは、勇気の大きさに等しい。
●車を運転するにも金を使うにも歳をとりすぎ、ついに思い出と思索だけの日々が訪れたとき、はたして世の中のためにできることがあるだろうか。

グレッグはゆっくりと本を閉じた。

いま自分は、重大な岐路に立っている。もしもこのまま同じ道を走りつづけるなら、すべてのことはだいたいにおいて、いままでと同じでありつづけるだろう。だがここでギアチェンジして、方向を変えたとしたら……。

〈これはチャンスなのだ〉彼は心のなかでつぶやいた。

立ち上がって部屋のなかを見まわしてみた。いつもテレビかラジオをつけていなくては落ち着かない男にとって、この静けさは気味が悪いほどだったが、不思議と穏やかな心持ちだった。何もかもが、いつもの自分ではない気がした。

ふたたびベッドに入ったとき、グレッグは人生を左右するような決断に、いままさに直面しているのだと感じていた。

幹部を味方に

翌朝サイモンが出社すると、社長からのEメールが待っていた。

今日は休暇をとる。ドリーム・マネジャーを探してくれ。

きみは天才か狂人のどちらかだ。

どっちであるかは、おのずと明らかになるだろう。


この会社に入って、社長が休暇をとるのを見たのはこれが初めてだった。サイモンの顔に笑みが広がり、と同時にいろいろな思いが胸をよぎった。

そのとき、サンドラが朝の挨拶にやってきた。

「何を笑ってるんです？」

「社長がOKを出したよ」

「まさか」

「ところがそうなんだ。今日からわれわれはドリーム・マネジャー探しに着手する。明日の朝、幹部社員を集めてこれからのことを話しあおう」

翌朝、社長と幹部社員が集まった会議の席上で、サイモンはドリーム・マネジャーの開設を発表した。メンバーの大半が畏敬の念を持って耳を傾け、革新的なアイデアであることは理解したが、うまくいくかどうかは半信半疑だった。

もちろん、あれこれけちをつける者もいた。だがサイモンには、彼らにかまっている暇などなかった。そういう人間が、ビジネスをより高いレベルへ発展させることは決してない。彼らが発する負のエネルギーは彼ら自身の性質を物語るものであって、サイモンやサイモンのアイデアに由来するものではない。

営業部長のマイクが口を開いた。「その仕事、誰もが列をなしてやりたがりますよ」

「どうしてそう思う?」とグレッグが訊いた。

「考えてみてください。人の夢をかなえる手助けができる仕事に就ける人間が、どれだけいると思います?」

そこへジェフが口をはさんだ。「そりゃそうですが、半年経ってやっぱり夢をかなえることなんかできないとわかったら、きっとほうほうの体《てい》で逃げていきますよ。ドリーム・マネジャーですって? 気はたしかですか?」

「あら、わたしはマイクのいうとおりだと思うわ」ジュリーがいった。「こういう仕事をやりたい人間はたくさんいますよ」

ジュリーはマーケティング担当役員である。メンバーのなかでは年長者のひとりだったが、考え方が若々しく斜にかまえない性格で、サイモンのアイデアにもすぐに賛同した。

「ところで、この仕事を誰に任せるかは、どうやって決めるんですか」マイクが話題を変えた。

「わたしにもまだわからない。みんなにこうして集まってもらったのは、それを話しあうためでもあるんです。まず最初に決めなくてはならないのは、ドリーム・マネジャーを社内から選ぶか、それとも外部から採るかです」

「そりゃあ社内だろう」とピーターがいった。

「なぜ？」何人かが同時に尋ねた。

「だってそうでしょう。会社のことも社員のこともよくわかってる人間でなくては」

「わたしはそうは思いません。社外の人のほうが適任だと思います」

そういったのはサンドラだった。彼女はいまやほとんどの会議に出席していた。

「なぜ？」さっきと同じメンバーが訊いた。

「社内の力関係とは無縁であるべきだからです。ドリーム・マネジャーは社員から中立だとみなされる必要があります。つまり、まったく新しい存在というか……」

「ほう、まったく新しい存在ねぇ」ありったけの皮肉をこめてジェフがいうと、ジュリーが発言した。

「たしかに、まったく新しい存在にちがいないわ。これが社員の人生をどれだけ変えることになるか、想像してごらんなさい。誰だって、失敗したくてするわけじゃない。それでも失敗するのは、成功する道を知らないからにすぎない。人間関係であれ経済面であれ、人はみな夢をかなえたいと思うものです。その道すじを探す手伝いをするのがドリーム・マネジャーなら、まったく新しい存在じゃなくてなんでしょう。ドリーム・マネジャーという役割に新鮮な魅力をもたらしてくれるフレッシュな人材は、ぜひとも外部から選ぶべきだと思うわ」

「たしかにそのとおりだ」ピーターが賛成し、賛同の輪が部屋中に広がったが、ジェフはなお不満そうに質問した。

「それで、これが離職率の問題をどう解決するんです？」

「よくぞ訊いてくれた」サイモンが顔を輝かせた。

「人を仕事に引きとめるものは、大きくいってふたつあると思います。やりがいと、たしかに自分が進歩し成長しているという実感です。

わが社は清掃会社です。率直にいってわれわれの仕事は、ガンを治療したり第三世界の債務を削減するようなものではない。仕事そのものにやりがいを感じるのはむずかしいかもしれない。だとしたら、後者をふんだんに与えなくてはなりません。すなわち、進歩や成長の機会を与える必要があるのです。**自分がその職場で成長しているとき、人は別の仕事を探そうとはしない**ものです。反対に、自分に進歩が感じられないと、人はだんだんと不安に駆られ、ちがう場所を求めるようになります」

「ということは、ドリーム・マネジャーはキャリア・コンサルティングもするんですか」

ピーターが質問した。

「社員が望むなら、半年に1度、ドリーム・セッションに上司を呼んでいいことにします。そのセッションでは、ドリーム・マネジャーと社員と上司が、社員の将来のビジョンについて話しあうんですが、とくに、キャリア上の次のステップは何か、そのステップをクリアするのにどれくらい時間が必要かといったことがテーマになるでしょう」

「彼らが夢を持つようになったら、ますます早期に社を辞めていくことになりませんか？どっちみち、未来のない仕事をしていることに変わりはないわけですから」とピーターがもう一度尋ねた。

「それはちがう。彼らの多くは、自分で気づいているかどうかは別として、夢の具現化を手助けしてくれる人を心から求めている。彼らは辞めないよ。なぜなら誰かが自分とまじめに向きあって将来を描く手伝いをしてくれるなんて、ほとんど初めての経験にちがいないからね。

重要なのは、ドリーム・マネジャーによって、もはや自分の仕事が未来のない仕事ではなくなるという点だ。いまの仕事が次へのステップになるんだから。たとえば3年後、仕事の中身はいまとまったく同じでも、私生活の夢は大きく前進させられる。そしてその私生活における前進は、アドミラル社で働いているからこそ可能なんだ。つまり**ドリーム・マネジャーの開設は、現在の仕事と夢の実現とをつなぐ架け橋をつくること**にほかならない」

ジュリーが口をはさんだ。「おっしゃるとおりだと思うわ。わたし、最初の会議のときにサンドラがいったことをずっと考えていたんです。この仕事に彼らを永遠に引きとめておくことは不可能だとしても、もしも3年間、社員がそれぞれの仕事に真剣に取り組むとしたら、平均勤続期間3カ月の最悪の状態と比べて格段の進歩です。わたしたちのビジネス全体を変えてしまうほどの――」

会話がやんだ。サイモンはみなが真剣に、この新プロジェクトを検討しはじめているのを感じた。

「それで、採用は内部からですか、外部からですか」改めて、ブラッドが訊いた。

サイモンは挙手で採決をとった。

「それでは外部から、ということで。しかるべき候補者が見つかって、具体的な骨子が固まったら、またお知らせします」

準備を整える

次の週、サンドラはあらゆるところに求人広告を手配し、サイモンは27人を面接した。応募者はひきもきらなかったが、最終的にサイモンとサンドラが社長に引きあわせる候補者として選んだのは、ショーン・エバンスだった。

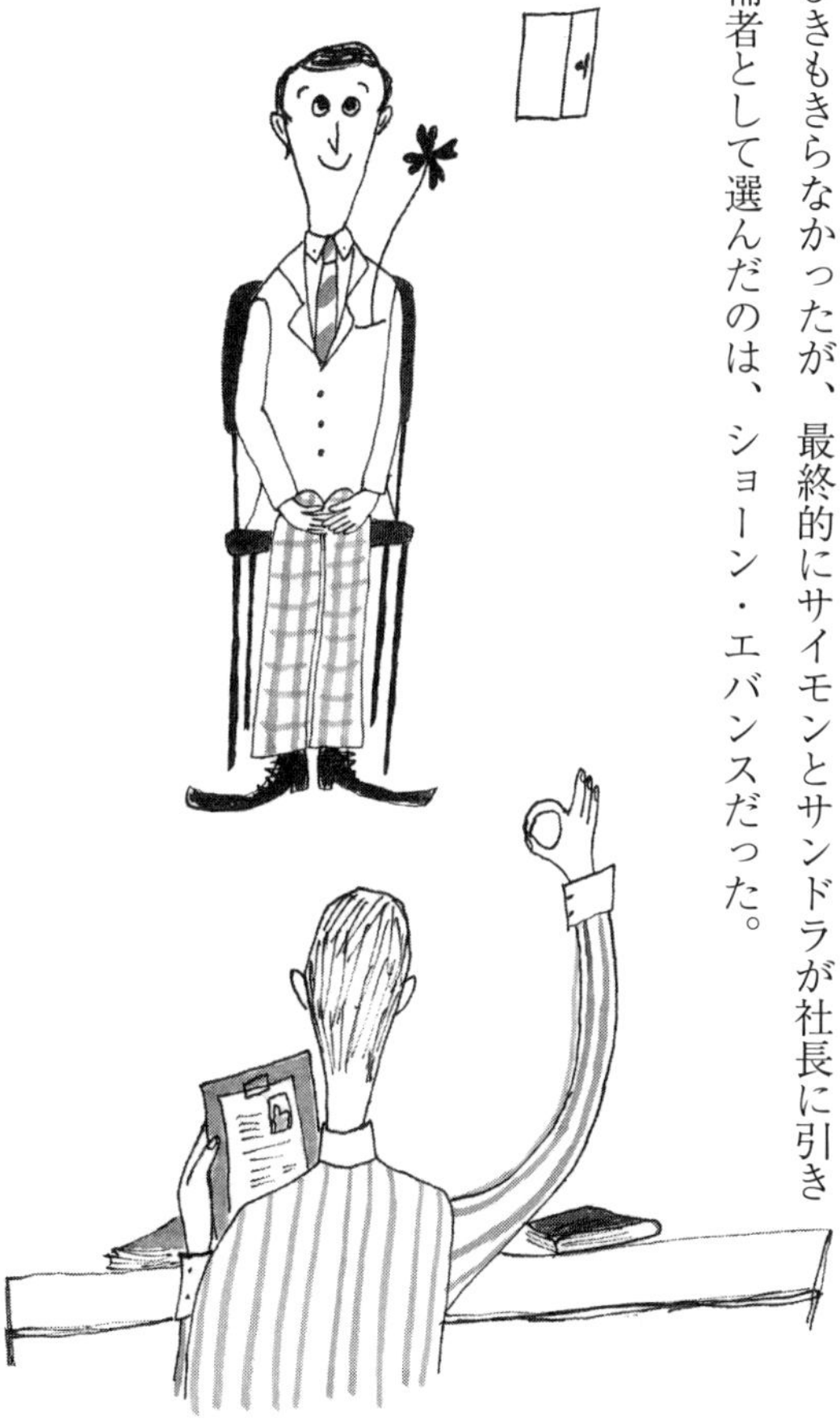

彼は経営学の学位を持ち、9年間ファイナンシャル・プランナーとして働いた実績があった。そのうえみずから率先して問題を解決した経験が豊富で、地域社会にも積極的に参加していることから、人に手を貸すことに関心が高いと判断した。とくに注目したのは、彼があまり裕福でない地区で生まれ育っていることで、サイモンは、そういう人物なら社会の底辺にいる従業員たちの苦境を理解できるのではないかと考えた。

グレッグは、サイモンとサンドラを交えてショーンと軽く雑談したあと、彼を昼食に誘った。そしてしばらくして戻ってくると、たしかに彼はこの仕事にふさわしい人物だと太鼓判を押した。

それから3週間かけて、ドリーム・マネジャーを迎えるためのあらゆる準備が行われた。

サイモンとショーンは毎日数時間、社外でドリーム・マネジャーの役割と責任についての話しあいを重ねた。一方でショーンは夢アンケートを読み、社員の夢について勉強した。

サンドラは、ショーンの部屋を準備した。その部屋は意図的にほかとはまるでちがうつくりになっていた。ソファを置いてあたたかみのある雰囲気が演出されたその空間は、オフィスというよりリビングルームに近かった。

すでにサンドラは、ショーンの着任の3週間も前から、部屋のドアに「ドリーム・マネジャー」というプレートを取りつけていた。

社内の期待は日に日に高まっていった。

夢を忘れた男

業務部長のジェフは、決して悪い人間ではなかった。妻とふたりの子どもがいて、管理職についてからそろそろ15年になる。一般的には幸せな人生を送っているといってよかった。

だが彼は、ものごとに対していつも批判的だった。懐疑的で皮肉屋で、他人の情熱や新しいアイデアといったものには不快感を表明するのが常だった。

「きみは、いつから夢を見ることをやめたのかな？」

ある朝、部下の休暇願いを持ってきたジェフに向かって、サイモンは静かに問いかけた。

「いったい、なんの話ですか？」

「きみが夢アンケートを提出しなかったことがずっと気になってるんだ」

「あれは匿名じゃなかったんですか？」ジェフが身がまえた。

「そうだよ。ただ昨日、きみの部屋に行ったとき、アンケート用紙がゴミ箱に捨ててあったのを見たんでね。おそらく、きみのだろうと」

ジェフはむっとしたようだったが、サイモンは黙ってその場に立っていた。一瞬の間のあと、ジェフが居心地悪そうにいった。

「それだけわたしが、いまの自分に満足してるってことですよ」

「満足している人間にしては、たくさんのやり場のない不満を抱えているようにわたしには見えるけどね。きみは単にいまの自分に安住しようとしているんじゃないのかい？　わたしはきみがいったいいつから、そしてなぜ、夢見ることをやめてしまったのだろうとずっと思っていたんだよ」

「わたしの何を知ってるっていうんです？」

「たしかに知らないかもしれない」サイモンはいった。「でもきみは会社でも、そして人生においても、しばらく前から現状維持を決めこんでいるんじゃないのか。少なくとも進歩しているようにはわたしには見えない。それは、きみが夢を見ることをやめてしまったせいに思えて仕方がないんだ」

ジェフはサイモンの顔を見返した。そして一瞬の沈黙のあと、ふたたび身がまえるようにいった。

「わたしは充分満足してますよ。そんな人間はそう多くないはずです」

「ジェフ、それは逃げだよ」


その夜遅く、ジェフは自宅で静かにサイモンのいったことを考えていた。「いつから夢を見ることをやめたのかな?」その問いがどうしても頭から離れない。

心のどこか奥深いところで、サイモンのいうことが正しいのはわかっていた。若いころはあんなにたくさんの夢を持っていたはずなのに、いつそれが自分の手からこぼれていったのかが思いだせない。あのときを境に、というような特別な何かがあったわけではない。サイモンに問われるまで自分でも気づかなかったくらいゆっくりと、それは失われたのだった。

最初は誰？

それから2週間、社員たちはショーンと雑談したり、彼がどんな人物かをたしかめにふらりとオフィスにやってくるようになった。そろそろ本格的に始動する時期に来ていた。問題は、いちばん最初にドリーム・マネジャーと話しあう機会を誰に与えるかだった。

「誰がいいと思いますか？」ショーンは幹部社員たちに尋ねた。

「そりゃあ、もっとも必要としている人からでしょう」ピーターがいった。

「いや、ちがう、ちがう。もっとも優秀な社員にこそ、その権利は与えられるべきだ」グレッグが力をこめていうと、ピーターがいいかえした。

「そういう人間は、そもそもドリーム・マネジャーを必要としてはいないんじゃないでしょうか」

この疑問にはサイモンが答えた。

「ピーターのいうとおりかもしれないね。でももっとも必要としている人たちは、このプロジェクトが本当に機能するかどうかを見極めたいと思っているんじゃないかな。何よりもまず、われわれはドリーム・マネジャー・プロジェクトに対する信頼を獲得する必要があるんだと思うよ」

「わたしもそう思うわ」ジュリーだった。「何人かが実際に夢を実現するところを見れば、彼らはいまよりさらに、自分の夢とドリーム・マネジャーの仕事とに関心をいだくようになるでしょうね」

「おっしゃるとおりです。したがって、ここはひとつ幹部社員のなかから、大きくてしかも実現可能な夢を持っている人を選び、それをすみやかに実現するべきでしょう」サイモンはこの問題に結論を下した。

「それでは、このなかで誰が最初にやりますか？」ふたたびショーンが尋ねた。

彼らは黙って顔を見あわせた。正直なところ、彼らはこのドリーム・マネジャー・プロジェクトを自分たちのためのものとは考えていなかった。このプログラムはもっと下の人間に必要なものだ、少なくとも彼らは自分でそう決めこんでいた。

その顔を見れば、ショーンには彼らの考えていることが手にとるようにわかった。沈黙が続き、誰も返事をしなかったので、彼は続けていった。「このドリーム・マネジャー・プロジェクトは、組織のすべての人々のものであるべきです。現場で働く作業員だけでなく、事務職も、管理職も、役員も含めて」

「いや、これは清掃員たちのためのものでしょう」営業部長のマイクがいった。

「それはちがいます」

「だがこれを必要としてるのは、彼らだ」

「これはわたしたちみんなに必要なものですよ。この仕事に就いてから、わたし自身にもドリーム・マネジャーが必要だと思うようになりました。誰にでも必要なんです。ある程度までなら自分でやれるかもしれません。ですが、わたしたちにはみな、自分の夢を明確にし、その夢に優先順位をつけ、計画をまとめるのを手伝ってくれて、実現のための行動やそれを妨げる行動を定期的に思いださせてくれる人間が必要なんです」

行きつ戻りつの話しあいが10分ほど続いたところで、グレッグは椅子に背をあずけ、心のなかで微笑んだ。これほど健全に、実のある議論を繰り広げる部下たちを目にするのはいつ以来だろう――、そう思うとうれしかった。誰ひとり個人攻撃せず、純粋に意見を交換し、アイデアを検討し、もっともよい結論を得るために建設的な意見を戦わせていた。

ショーンがいった。「まず最初は、管理職と職場のオピニオンリーダーから選ぶべきだと思います。プロジェクトを成功させるためには、この両者が必要なんです。みなさんにとっては、日ごろ人には見せることのない弱さや謙虚さが要求されることになるかもしれませんが、心を開いて正面から取り組んでいただけるなら、きっと、仕事にも人間関係にも、そして夢の実現にもプラスにはたらくにちがいありません」

もはや採決の必要はなかった。

「わたしが最初にやりましょう」そう申し出たのはジェフだった。部屋じゅうに驚きが広がった。

ジェフがドリーム・マネジャー・プロジェクトにもっとも批判的な人物であることは、周知の事実だった。だがこの数週間というもの、サイモンの発したあの問いがずっと彼を悩ませつづけていたのだ。

「いつ行けばいいですか？」あっけにとられている空気を打ち破るように、ジェフはショーンに尋ねた。

「では、明日の朝いちばんでどうでしょう」

感動の初セッション

翌朝、ジェフは8時少し前にショーンの部屋にやってきた。ジェフの手にはしわくちゃになった夢リストが握られている。サイモンがゴミ箱で見つけ、例の会話のあとで拾っておいたものだ。

ショーンはジェフがプログラムへの参加を決意してくれたことをうれしく思っていたが、同時に少々緊張していた。

「ではさっそくお訊きしましょう。ジェフ、あなたの夢はなんですか？」

「じつをいうと、たくさんあることがわかったんです」

「そのことに、あなた自身が驚いていらっしゃるようですね」

「ええ、そうなんです。なにしろ、最初にサイモンからこのドリーム・マネジャーの話を聞いたときには、頭がおかしいんじゃないかと思ったくらいですから。でも何週間か前に彼からいわれたひとことは、わたしの心に突き刺さった。彼によって、夢を持つことをやめてしまった自分に気づかされたんです」

「なぜ夢を持つことをやめてしまったんでしょう？」

「わたしもずっとそれを考えていました。**働いて、請求書の支払いに追われながら子どもたちを育て、いずれリタイアする――、それが人生というものだという考えがいつのまにか染みついてしまったのかもしれない。**あるいは、夢がかなわないことを恐れて、何も望まないようになったのかもしれない。自分でもよくわからないんです」

請求書の支払いに追われながら子どもたちを育て、いずれリタイアする――、
それが人生というものだという考えが
いつのまにか染みついてしまったのかもしれない。

夢の多くが実現可能であることも。

「いまは考えが変わった。また夢を持つようになりました。休みの日の午後にベランダに出てぼんやり考えていたら、わたしにはこれから行ってみたい場所や、見たいもの、もっと大切にしたい人間関係がまだたくさんあるってことに気づいたんです。そしてそうした夢の多くが実現可能であることも。

でも本当はそんなことよりも、わたしには自分のなかに好きになれない部分がいくつかあって、それを変えたいと思っているんです」

「すごいな」ショーンは思わずつぶやいた。ジェフがいきなりここまで踏みこんだ発言をするとは思ってもみなかった。ショーンはいま、彼の率直さに純粋に心を打たれていた。

「わかりました。では、あなたの夢リストを検討していきましょう」

ジェフは自分の夢をひとつずつ読みあげ、なぜそれが彼にとって大切かをショーンに語って聞かせた。

ショーンが尋ねた。「このなかで、これから半年以内にかなえたい夢はどれですか?」

ジェフは一瞬黙りこんだが、ショーンはあえて考える時間を与えた。彼の思考を邪魔したり、無理に答えを引きだすつもりはなかった。

「カリフォルニアに行きたいな。いつかは大陸横断のドライブ旅行がしたいとずっと思ってたんです。……それから、もっとポジティブな人間になれるよう努力したい」

「すてきな夢ですね。有給休暇はたまっていますか？」

「そのことなんですが、じつは9週間の休暇を使わずにとってあるんです。でも、いったいなんのためにとってあるんだろうって思いはじめて……。妻からはよく、もっと定期的に休暇をとれば、ピリピリしたところもなくなるだろうにといわれます。もう少し生活を楽しめるようになって、もっとポジティブな考え方ができるようになると。やはり、わたしには休暇が必要なのかもしれないですね」

「すばらしい。では、旅行の費用はどうです？」

「3週間ほどの旅行を考えていて、それができるくらいの貯金はあるんですが、この際、これから何カ月かかけて毎月少しずつ積み立てていこうかと思ってるんです。そうすれば意欲的に貯金ができるし、生活のなかに楽しみができていいんじゃないかと」

「とてもいい考えだと思いますよ。じゃあ、これから計画を立てて、来月のセッションで進捗状況がチェックできるようにしましょう。あなたが休暇でいないあいだに、誰が仕事をカバーしてくれるかも考える必要がありますね」

ふたりはそれから数字とにらめっこしながら、経済的にも実行可能なプランを書きとめていった。

続いて、ジェフが自分をポジティブな人間だと思えるようになる方法についても話しあった。

「正直いって、もうすでにあなたはポジティブな人間になっておられると思いますよ。わたしが入社して、これまで会議で同席したことが5回ありましたが、あなたが今日ほどポジティブだったことはない。この調子で続けていけば大丈夫です。

ただし、ひとつだけ心にとめておいていただきたいことがあります。**大切なのは完璧を求めることではなく〝自分が進歩していることに注意を向ける〟ということ**です。人は、先はまだ遠いと思うとやる気がうせてしまうことがありますからね」

「ありがとう」

「いいえ、こちらこそ」ショーンは答えた。「今回あなたがみずから進んで心を開いてくださったことに、わたしは本当に感銘を受けているんです。そうやって自分の弱さをさらけだすのは、決して簡単なことではなかったはずですから」

ジェフが扱いにくい人物であることはみんなが知っていた。その彼のなかで何かが変わりつつある。ショーンは自分がそれに関われたことがとてもうれしかった。

「次のセッションはいつです？」

褒められた照れくささをごまかすように、ジェフが話題を変えた。

「ちょうどひと月後の午前10時でどうでしょう」

「よろこんで！」ジェフがにっこりと笑った。

「もしよかったら、そのときまでに夢リストにもう一度目を通して、それぞれの夢にタイムスケジュールを設定してみてください。非現実的でなく、かつ自分に甘すぎないように。うまくやる秘訣は、無理しすぎない程度で少しだけ背伸びした目標を設定することです」


こうして第1回のドリーム・セッションが終わった。そのなりゆきにショーンはかなり満足だったが、ジェフの満足はさらに大きかった。彼はすでに自分の内側から新しいエネルギーと興奮が湧きあがってくるのを感じていた。

社員の経済観念

4人の地区担当部長からは、部下のなかでドリーム・マネジャー面接の一番手にすべきだと思う人物のリストが提出された。これはショーンの依頼によるものだった。彼はジェフとのセッションのあと、1カ月かけてその1人ひとりと向かいあった。

その日、ショーンが部屋にいると、誰かがドアをノックした。

「どうぞ」

入ってきたのはグレッグだった。ついに彼もノックすることを学んだのだ。じつは先日、ドリーム・セッションの最中にふらりと入ってこられては困るからと、ショーンから厳しくいい渡されたのである。

「どんな調子かな？」

「社長は社員のためにすばらしいことをやっていますよ。彼らもそれを感謝しています。きっと社長が計算もしなかったような利益がもたらされるにちがいありません」

「ぜひそう願いたいな。ずいぶんと経費もかかってることだし。それはそうと、きみの率直な感想を聞かせてくれないか。社員の具体的な夢について話せないのは承知しているが、全体を通して、何か気づいたことがあるかな？」

「わたしがいちばん問題だと感じているのは、経済観念の欠如です。収入の低い従業員たちがそうであることはある程度予想していましたが、課長クラスにまで蔓延しているのは、正直いって驚きでした」

「もっと詳しく話してくれ」

「マーク・トウェインは『偉大な書物を読もうとしない人間は、字が読めない人間と得るものになんら変わりはない』といっていますが、お金に関しても同じことがいえます。**お金をうまく管理できない人は、管理すべきお金を持たない人と豊かさにおいてなんら変わるところはない**のです。

この会社には、結構な収入がありながら、経済状態が健全でない社員がたくさんいます。予算管理や経理の仕事をしながら、私生活では収支のバランスをとることができない、あるいはとろうとせず、赤字を抱えている人がいるんです」

「で、きみはそういう人間の力になってやることができるのかい?」

「もちろんですとも」ショーンが声をあげた。「それこそが、わたしの専門分野ですから。経済的な悩みは、人の心に大きな影を落とします。お金の心配をしているときは、そればかりが気になって仕事に身が入らないものです。ですからこれからは、彼ら1人ひとりにお金の法則を学んでもらい、それぞれの収入と夢に見あったプランをつくっていくつもりです。実際問題、お金の法則をちゃんと教わったことのある人なんて、ほとんどいないに等しいんですから」

マイホーム!

ドリーム・マネジャーとのセッションを、リタほど楽しみにしていた人間はいなかった。

54歳、善良な心と強い意志の持ち主である彼女の夢はずっと、自分の家を持つことだった。彼女の一族には、持ち家に住んだ者は1人もいない。両親も祖父母も曽祖父母も、みなアパート暮らしだった。

そしてこのリタの夢は、社員の多くに共通する夢でもあった。だからこそショーンは、すぐに彼女を先例とすることに決めたのだ。

「これは大きなチャンスですよ。もし彼女の夢をかなえることができれば、社員のさらなる注目が集まることまちがいなしです」ショーンはサイモンにいった。

「彼女にも家が買えるのかい?」

「わたしの友人に、住宅ビジネスに携わっているダンという男がいて、彼に相談してみたんですが、彼女のような人が家を手に入れる方法もあるそうです。やり方次第で、頭金なしでいまより住みやすい地域に家を持てるんです。月々のローンも、いま払っている家賃よりわずか60ドル高いだけですみそうです。つまり、プロといっしょに入念にプランニングすれば、道は開けるということです」

リタとの2度目のセッションでは、彼女の経済状態を洗いだして貯蓄計画がまとめられた。

「きっと、あっという間に自分の家が持てるようになりますよ、リタ」ショーンが請けあうと、リタの顔がパッと輝いた。

彼女が部屋を出ていったあと、ショーンはダンに電話をし、ランチ・ミーティングをセットした。

ふたりは幼なじみだった。ダンは起業家で、この世にやってやれないことなどないというタイプの度量の大きな不動産のプロである。ショーンが最初にドリーム・マネジャー・プロジェクトの話をしたとき、彼はいたく感動していた。次に、リタの状況と夢について話をしたときにも、大いに興味を引かれたようだった。

ダンには10回生きてもまだ使いきれないほど金があった。取引をするときのワクワク感は好きだったが、最近の彼を本当の意味で満足させるのは人助けだけだった。

その週にもう一度昼食をともにしたとき、ダンはショーンに手を貸すことを請けあい、部下に適当な家を探させることを約束した。

職種を超えて

グレッグがサイモンのオフィスに入っていくと、彼は机に両足を載せて目をつぶっていた。

「起こしてすまないが」グレッグがそう声をかけると、サイモンは両目をこすって目を開けた。だが本当に眠っていたのかどうかはわからなかった。

「何をしてるのかな？」

「夢を見てたんですよ」

「そいつはすばらしい。でもぼくは、そのために給料を払ってるのかい？」グレッグが軽口をたたいた。

「実際、そうかもしれませんよ」サイモンはにっこりと笑った。「数日前、ヘンリー・フォードが工場とオフィスにお客さんを案内したときの話を読んだんですが、ある部屋の前を通ったとき、男が机に両足を載せて居眠りしていたのが見えたそうです。しかしフォードは気にもとめない様子だった。そこで客がなぜかと訊くと、フォードは『彼は眠っているのではなく、夢を見ているのです』と答えた。『それでいいんですか？』と訊きかえすと、フォードはこういったそうです。『もちろんです。彼はああやって自分の仕事をやってるんです。6気筒エンジンもディスクブレーキも、考案したのは彼なんですよ。つまり彼の仕事は、ライバル会社が不可能だと思うことを夢見てつくりあげていくことなんです』」

「それなら、きみの夢を邪魔して申し訳なかったな。ぼくはただ、ドリーム・マネジャー・プロジェクトがどうなっているかと思ってね」

「順調ですよ」サイモンは答えた。「ジェフは2週間後には大陸横断旅行に出かけることになっていますし、経理課のスーザンはショーンのアドバイスを受けて、新しい車を買いました。ドリーム・マネジャーのおかげでマイケルは結婚記念日に奥さんを連れて船旅に行く予定が立ち、リタはどうやら半年以内にマイホームが持てそうなところまできました」

「それで、肝心の離職率のほうはどうなった？」

「最新の数字は、いまサンドラがまとめているところでまだ見ていませんが、下がりつづけていることはたしかです。すみませんが、ランチの約束があってこれから出かけなくちゃならないんです。戻ってきたらデータを持ってうかがいますよ。詳しいことはそのときにお話しします」

サイモンのランチの相手は、ビジネススクール時代の友人エドだった。彼は銀行マンで、マネジャーとしてオハイオ、インディアナ、ケンタッキーを統括していた。ふたりは月に1度は昼食をともにし、近況を報告しあったり、アイデアをぶつけあったりしていたが、ここ9カ月は1度も会っていなかった。

「仕事のほうはどうだい？」サイモンはエドに尋ねたが、答えの見当はついていた。

「まったく、次から次に社員が辞めて、てんてこまいさ。先月、全国のエリア責任者が集まる会議があったんだが、社長はそこで、離職率の改善を3つの重要課題のひとつに掲げたよ。そればかりか、今後5年間の最重要課題にもなった」

「でも、ライバル会社だって、みな同じ問題を抱えてるんだろ？」

「もちろんそうだが、だからって慰めにはならないさ。正直いって、高離職率が利益を食いつぶしている。昨年の離職にからむコストは、うちの銀行の年間利益の30パーセントにも匹敵するんだぞ。アドミラル社ではどうだ？　離職の状況はうちより深刻だろ？」

「ところがそうでもないんだ」サイモンはそういって微笑んだ。その表情から、何か話していないことがあるのは明らかだった。

「『そうでもない』とはどういうことだ？」

「うちの離職率は、この1年で半分になり、いまも下がりつづけている」

それからの30分間、サイモンはアンケートとシャトルバス、そしてドリーム・マネジャー・プロジェクトについて語った。エドは最初のうち驚いてじっと耳を傾けていたが、次第に関心を失いはじめた。

「どうした？」サイモンは尋ねた。

「たしかに清掃員には有効かもしれないが、銀行員には無理だろう」エドの顔には落胆が見てとれた。

「どうして？　銀行員に夢はないのか？」

「もちろんあるさ、でも……」エドが口ごもった。

「でもなんだ？　おまえの会社の人間も、うちの人間と同じように夢を持ってるはずだ。中身はちがうかもしれないが、夢を見ることに変わりはない。災い転じて福となすだよ。考えてもみろ。これは社員だけじゃなく、顧客にも応用できるとは思わないか。うちのドリーム・マネジャーは、最初のドリーム・セッションのときにまず社員にこう訊く。『あなたの夢はなんですか？』」

エドはまじまじと彼を見た。目の前にいるサイモンは前回会ったときとは別人のような情熱的な男に変身していた。

サイモンは続けた。「これこそ、銀行に来るお客さん1人ひとりに問いかけるべきことじゃないのか。『あなたの夢はなんですか?』ってな。最初は答えが返ってこないかもしれないが、彼らもきっと、その答えを考えはじめるだろう」

次第にエドの目も輝やいてきた。

「将来的には、いちばん大切な顧客にドリーム・マネジャーを提供するといい。それによって、どれだけ銀行への信頼感が培われることか。

考えてみれば、銀行っていうところはいろんな意味で、すでに同じようなことをやってるんだよな。ファイナンシャル・プランナーなんかまさに、ドリーム・マネジャーにうってつけだ。いいか、人がお金を管理したいいちばんの理由は、夢をかなえたいからじゃないか。夢こそが原動力なんだよ。もしもおまえが手を貸すことで、**部下が具体的な夢を持てるようになり、さらにそれが実現できたとしたら、彼らはきっと顧客に対しても同じことをするようになる。**そうなれば、ビジネスだってうまくいくことまちがいなしさ」

昼食を終えてオフィスに戻ったエドは、部屋のドアを閉めて、しばらくじっと座っていた。そうしてその日のうちにサイモンに電話をかけ、「うちの銀行に転職していっしょに

部下が具体的な夢を持ち、それが実現したら、
彼らは顧客に対しても同じことをするようになる。

ドリーム・マネジャー・プロジェクトを立ち上げてくれないか」と持ちかけた。

サイモンはその誘いを断った。だが、いつでもよろこんで銀行の幹部社員たちに会って説明するし、ドリーム・マネジャーの選び方もアドバイスすると約束した。さらには、エドの銀行の幹部社員とショーンやアドミラル社の社員たちがじかに話をする機会をつくってもいいと請けあった。

「来週の木曜は何をしてる?」エドが尋ねた。

「夢に生きてるさ!」満面に笑みをたたえ、サイモンはそう答えた。

社内に語学教室を

ショーンはドリーム・セッションの合い間をぬって、彼が入社する前にサイモンとサンドラが実施した夢アンケートを熟読した。サイモンから仕事の説明を受けた当初、自分がどんなことに携わるのかを知るためにひととおり目は通していたが、今度はもっと分析的に読みこむのが目的だった。

家を持つことが多くの従業員に共通した夢であることはわかっていたが、彼はそこからさらに一歩を踏みだしたかった。

アドミラル社の従業員の65パーセントは民族的少数派で、その半分をヒスパニック系が占めていた。英語を話せない人も多かったから、管理職はみなスペイン語を話せることが絶対条件だった。そのヒスパニック系従業員の多くに共通していた夢、それは「英語を勉強したい」だった。

そこでショーンは地元のコミュニティカレッジに連絡をとり、週に2度、会社に英語を教えにきてもらえるよう先生を手配した。そして、午後のシフトと夕方のシフトとのあいだに本社で行われる英語のクラスに誰でも参加できるようにした。

反響は予想を上まわるものだった。その結果、3週間後にはもう1人先生を探さなくてはならなくなり、2クラスを追加した。さらに6週間後には、従業員からのリクエストにより、彼らの子どもたちも出席できることにした。従業員の多くは移民一世で、家ではスペイン語が中心だったから、子どもたちは学校で言葉に苦労していたのである。

ある日の午後、ショーンが部屋にいると誰かがドアをノックした。課長の1人、ロブだった。彼は自分も英語を教えたいといった。それからスペイン語を習いたいと思っている人に、今度は社員のほうが教えてはどうかと提案した。

「いいアイデアですね。でもちょっと問題があるんじゃないでしょうか」ショーンはいった。「たとえば上司が直属の部下から教わるようなことがあると、居心地の悪い思いをする人がいないでしょうか」

「わたしもそれは考えました。でも仮に、清掃員が自分の母国語を同僚や管理職クラスの人間に教えるチャンスを持つことができたとしたら、どう感じるでしょう。本気でチームワークの構築を考えているのなら、これこそ大きなステップになると思うんです」

「人を謙虚な気持ちにさせる、というわけですね」

「そのとおり」ロブがいった。「その謙虚さこそが、部内の一体感を生み、どんな演説や文書で説得するよりも迅速かつ効果的に、〝やつらとわれら〟という労使の対立的な感情を解消してくれるはずです」

「わかりました、やってみましょう。そのためには、スペイン語を教える気持ちのある社員を何人か見つけなくては。ロブ、協力してくれますね」

たがいによろこびあう

数週間が経ち、ショーンは日一日と大きくなる満足感で満たされていた。

人生のこの段階で、自分の仕事にこれほど大きな変化が訪れようとは——。ある意味では、これまで9年間ファイナンシャル・プランナーとしてやってきたことをそのまま続けているともいえたが、いまは仕事の範囲が以前よりずっと広くなり、商品を売ることではなく社員の夢が相手になった。何より、自分の弱さをさらけだす社員たちのまれに見る率直さと自主的な姿勢に日々接していることが、これまでと大きく異なっていた。

彼は毎日社員たちと会い、彼らの夢や、それまでのセッションでともに考えてきた計画について話しあった。一方で、サイモンの友人エドやその同僚たちとも会合を重ねた。

そして今朝、なんと全国ファイナンシャル・プランナー協会から、今年の定期総会でドリーム・マネジャー・プロジェクトについてスピーチをしてほしいという依頼を受けとったのである。

サイモンはショーンが必要とするときはいつでも相談に乗ってきたが、プロジェクトの秩序と進行を妨げることがないよう、あえて少し距離を置くようにしていた。ドリーム・マネジャーとしての自信と成功を獲得するために必要な自由を与えたいと思ってのことだった。だが今日は、全体的なレビューをおこなうため、ショーンとのミーティングが設定してあった。

「これまでのところで、きみがいちばん驚いたのはどんなことだった?」手はじめにサイモンはそう尋ねてみた。

「いつも驚かされっぱなしですよ。このプロジェクトによって、わたしもわたしの人生もどれだけ変わったことか。社員の人生を変える手助けをするために雇われたのに、実際には彼らがわたしの人生を変えているんです」

「ほう、もっと具体的に話してくれないか」

ショーンは目の前の書類を指でもてあそびながら話しはじめた。

「大きくいうとふたつあります。ひとつは、わたしの夢は、昔から自分のなかにプログラムされた範囲にとどまっていたんじゃないかと考えるようになったことです。もちろんわたしの夢にも困難はありましたが、それは自分で安心できるゾーンの外に出るものではなかった。でもいまは、その安心ゾーンの外に出るような夢を見はじめていて、怖いような楽しみなようなそんな気分なんです」

「で、もうひとつは?」

「妻との関係です。これまでずっと、妻がわたしの夢にどれだけ気を配り、実現に手を貸してくれたか、そしてわたしがいかに彼女の夢に無関心だったかに気づかされました。ふたりで妻の夢について話しあったんです。彼女の夢は長いあいだ心の奥底に閉じこめられていたことがわかりました。

妻は小さな商売を始めたいとずっと思っていたんです。今後は、いまの仕事を辞めてパートタイムの仕事をしながら、合い間に彼女のやりたいビジネスをスタートさせることにしました。お金の使い方も見直しましたよ。はじめは少しばかり倹約しなくちゃなりませんが、彼女の夢のためですし、彼女にはチャレンジする権利があると心底思うようになったんです」

サイモンは微笑んだ。彼自身、長いあいだソローのいう「静かな絶望」のなかに生きてきたのだ。それがいまは、静かな深い充足感を味わっていた。

「社員たちと接してここまでやってみての感想は?」

「すばらしいですよ。ものすごく謙虚な気持ちにさせられます。彼らはそこに座って心を開き、わたしに人生を見せてくれるんです。それはそれは強烈な、人を謙虚にさせずにはおかない体験ですよ。同時に、重大な責任を感じます」

「わたしにできることが何かあるかな?」

「ひとつ、承認していただきたいことがあります」

ショーンはひと呼吸おいてから先を続けた。「社員のなかには、さまざまな法的アドバイスを必要としている人がたくさんいます。それほど深刻ではない問題がほとんどですが、なにぶんわたしの専門外なので、多くの時間をその調査に費やさなくてはなりません。そこで、できればどこかの法律事務所にかけあって、市民のための無料相談の一環として、もしくは格安の料金で、月に数時間、社員の相談に乗ってもらえるようにできないかと考えているんです。どうでしょう？」

「それはいい考えだ。バーク＆ホワイト法律事務所のスティーブ・ヤコブソンに電話してみるといい。彼らのコミュニティ・サービス・プログラムに組みこんでもらえないか当ってみてくれ。きみの仕事の内容を伝えたうえで、わたしも関わっていると伝えれば、きっと手を貸してくれるだろう」

妻も参加

さらに数週間が過ぎた。

ドリーム・マネジャーを求める声は尽きることがなく、ショーンの日常は、日を追うごとに忙しくなった。

人は、ただ夢を語るだけで自然とその実現に向かうようになるという事実が、日々ショーンを驚かせた。社員たちはまさに彼の目の前で、急速に変化していく。抱えている問題は数カ月前とまったく同じでも、いまの彼らには希望があった。

希望は計画から生まれる。悲しいかな、これまで誰一人として彼らとじっくり向きあい、計画を立てる手助けをしようという人間はいなかったのだ。

しばらくして、社員からの要望により、ショーンはドリーム・セッションへの配偶者の同伴を認めることにした。するとこれがまた新たな、めざましい成果を生むことになった。

ドリーム・マネジャー・プロジェクトの話を聞いた配偶者たちは、一様に衝撃を受けた。別の会社で働いている人が大半だったので、その特異さがよく理解できたからだ。

ダニエルの妻がいい例だった。ダニエルは27歳、アドミラル社で清掃員として働くようになって4年になる。妻のレイチェルはダウンタウンの病院で働いていた。ショーンとのセッションが始まって半年ほど経ったころ、ダニエルは妻をセッションに連れてきてもいいかと訊いてきた。

夫妻の参加するセッションが終わったとき、ショーンは彼女に「どうでしたか?」と尋ねた。

「驚きました」そう答えた彼女は少しぼうっとしているように見えた。

「どういうところが？」

「わたし、後半の30分はここに座ったまま、心の声にじっと耳を傾けていたんです。それはこう問いかけるものでした。『わたしの上司は、わたしのキャリアについてこれほど真剣に考えてくれている？　院長はどう？　彼らはわたしの個人的な成長に関心なんてある？』答えはノーでした。たとえ関心があったとしても、彼らはそれをわたしに知らせてはくれませんでした。でもあなたがダニエルやわたし、そしてほかの社員のためにやっていることは……すばらしいと思います。だから、ただもう、感謝の気持ちでいっぱいで……」

レイチェルはそこで言葉を切ったが、まだいいたいことがあるのが見てとれた。しばしの沈黙のあと、ふたたび話しはじめた彼女の目は涙で潤んでいた。

「ダニエルは生まれ変わりました。彼のなかに、みるみるうちに情熱とエネルギーが満ちてくるのを見て、わたしは本当に驚いたんです。彼は以前よりいい夫、いい父親になりました。きっといい社員にもなったでしょう。

ちょうどデートをしはじめたころみたいに、わたしたちはまたふたりで夢を語りあうようになりました。しかも将来についてただ話すだけでなく、いっしょに未来をつくろうとしているんです。このことで、わたしたちの生活がどれだけ変わりはじめていることか。追うべき夢を持っている夫の横で目を覚ますのが、こんなにステキなことだったなんて……」

ショーンの日常は、こんな話であふれていた。彼はサイモンとグレッグにドリーム・マネジャー・プロジェクトを始めた勇気ある行動のすばらしさを何度もくりかえし語った。彼は、いまの仕事がこのうえなく誇らしかった。

マイホーム取得第1号

サイモンは当初から、早い段階で社員に大きな夢を実現させ、サクセス・ストーリーを生むことが、プロジェクト全体の成功に大きな役割を果たすと考えていた。なぜなら夢の実現が早ければ早いほど、社員はより積極的にプログラムに参加するようになるはずだからだ。

このことはショーンにも伝えてあった。彼もこれを真剣に受けとめ、自分のミッションとした。リタのマイホーム計画に熱心に取り組んだのも、このことが頭にあったからだ。

プロジェクトが始まって最初の数カ月でいくつか実現した夢はあったものの、リタの夢がうまくいけば大きな夢の最初の成功例になるはずだった。

そしていま、1つひとつのステップをサポートしたかいあって、ついに現実のものになろうとしていた。

その日、ショーンは銀行に契約に行くリタに同行したあと、サイモンとサンドラとともにリタを新しい家に連れていった。

敷地内に車を入れながら、ショーンはいった。

「さあ、ここは今日からあなたのものですよ！」

助手席に座っていたリタの顔が輝いた。

「ほんとに、なんてお礼をいえばいいのか……。あたしは54歳で、132日前まで、あたしの夢を尋ねてくれる人すらいなかった。ええ、そんな人は誰一人いなかったんですから！」

彼女の感謝の気持ちは手にとるように明らかだった。サイモンもショーンもサンドラも、言葉ではいいつくせない達成感を味わっていた。

ドリーム・マネジャーと最初に会った日から132日後に、リタはマイホームに足を踏みいれた。彼女はこの日が来るのを指折り数えていた。リタは一族のなかで初めて自分の家を持つことができたのである。この世にリタよりも幸せな女性を探すのは容易なことではなかっただろう。

こうして、リタはドリーム・マネジャー・プロジェクトの歩く広告塔と化した。

「ドリーム・マネジャーに会わないなんて、あんた頭がどうかしてるよ」

リタが若い女性従業員にそういっているのを、課長の1人が耳にした。また、同じチームで働く若い男性従業員に向かって、彼女はこうもいった。

「ああそうだろうとも。あんたはいつも自分のことを何かの犠牲者みたいにいうけど、いまだにドリーム・マネジャーの面接予約表に名前を書きこんでもいないじゃないか。ってことは、誰よりまず自分を責めるこった。あんたには夢がないか、それとも夢を見るのが怖いかのどっちかだよ！　どっちだか、あたしにはお見通しだけどね」

リタのマイホームの噂は、またたく間に会社じゅうに広まった。みながその話を口にし、リタもみんなに家を見せたがった。彼女は、新しい家にもアドミラル社にも人生にも興奮していた。

そして同じころ、社長であるグレッグもまた、自分の人生や会社にこれほど満足した気分を味わうのはいつ以来だろうと感慨にふけっていた。自分の仕事がこれほど意義深いものになろうとは考えもしなかった。20数年来、ことあるごとに「これは仕事なんだから」と割りきってきた。実際、どちらかといえば人がやりたがらない仕事であることは事実で、だからできる範囲でベストを尽くすのみだと考えてきたのだ。

でもいまは、すべてが様変わりした。

グレッグは毎日1時間、現場を訪れては従業員たちと彼らの夢やドリーム・マネジャー・プログラムについて気軽に話をするようになった。そして彼らの夢に耳を傾けるうち、ふたつのことに気づかされた。ひとつは、毎日の生活のなかで自分がいかに多くの人やものごとやチャンスをあたりまえと思ってきたかということ。もうひとつは、管理職にとって部下の夢を知ることがいかに大切かということだった。

ともあれ、リタはついにマイホームを手に入れた。夢はまるで川のようにアドミラル社のなかを流れはじめた。

夢を「育てあう」

会議室に幹部社員たちが集まって社長が来るのを待っていたときのことだ。1人がジェフに向かって話しかけた。

「そういえばまだ聞いてなかったけど、旅行はどうだったんだい？」

「すばらしかったよ！　北米大陸を横断していろんな場所を見ることができて、それだけでも貴重な体験だったけど、そういう時間を妻と共有できたってことが、すべてを変えるきっかけになったと思うね」

全員が黙って彼を見つめた。彼が変わったことはなんとなく気づいていたが、いままさに目の前でそれを見せつけられたのだ。かつてはこのなかでもっとも懐疑的で皮肉屋で、何ごとにも反対するのが常だった男が、いまやおおっぴらに、そして率直に、人生の楽しさを語っていた。

「自分でも認めるよ」ジェフは続けた。「わたしは最初、このドリーム・マネジャー・プロジェクトに懐疑的だった。でも旅行から帰ってからは、生まれ変わったような気分なんだ」

「なるほど。それで次の夢は？」サイモンが尋ねた。

「じつはサマンサがずっと前からパリに行ってみたいといってたんです。ショーンに手伝ってもらって貯蓄計画を立てたので、来年の夏には2週間のフランス旅行に行けたらと思っています」そういって、ジェフは微笑んだ。

ちょうどそのとき、グレッグが入ってきて、いつものように席に着く前から話しはじめた。

「今日の議題はなんだったかな?」

会議は議案に沿って進行し、30分ほど経ったところで、サイモンが最後の案件に移った。

「次はドリーム・マネジャー・プロジェクトの報告です」

続いてショーンがこれまでの経過を報告した。だが実際には、わざわざ報告するまでもなかった。どの話もみな、すでに会社じゅうを駆けめぐっていたのだから。

報告が終わると、グレッグが高らかに宣言した。「よし、じゃあ全員が家を買えるようにするぞ!」

「いえ、それじゃだめなんです」水を差したのはサイモンだった。

「なぜだ」意気をそがれたグレッグが訊きかえした。

「夢は人それぞれだからです」

「そのとおりです」ショーンが加勢した。「最初に取締役からいい渡された原則のひとつが、『ドリーム・マネジャーは**常に1人ひとりにちがった夢があることを忘れてはいけな**

い、決して自分の夢を押しつけないように』ということでした。考えてみてください、親が自分の夢を子どもに強いるとき、あるいは妻や夫が相手に自分の夢を強いるとき、いかに悲惨なことになるかを」

「まったくだ！」営業部長のマイクが大きく声をあげた。

全員が彼を見た。トゲのある彼のいい方には何かありそうだ。ぎこちない沈黙が流れた。

「すみません。こうして夢について話しているうちに、つい別れた妻との関係が思い浮かんだものですから。彼女がいつも自分の夢をわたしに押しつけようとしていたこと、そしてわたしもまた、彼女に同じようにしていたことを」

「ぼくたちの生活に、このプロジェクトがどれだけ応用できるかって考えると、すごいものがありますよね」そういったのはブラッドだった。「ぼくは女性とのつきあい方を反省するようになりましたよ。過去にすてきな女性とつきあったこともありましたが、どれも長続きしませんでした。でも昨日、ふと思ったんです、彼女たちの夢に自分がいかに無関心だったかを。彼女たちの夢がなんだったのか、まったく思いだせない。何よりぼく自身が1度も自分の夢を彼女たちに話したことがなかった。つまり、いっしょにはいても、心は寄りそっていなかったわけで、いまならわかります、夢を共有することなしに深い人間関係を築くことは不可能なんだって」

ブラッドは、仕事以外でも、長続きしない人間関係に同じ解決策が有効であることを見出したのだ。

夢によって人は人生を取りもどす。

夢は人をいきいきさせる。

夢は人間関係にも職場にも影響を与える。

夢を追い求めることによって、そこには情熱や活力が生まれるのだ。

それからしばらくのあいだ、幹部社員たちは人の夢がじつにさまざまであることを口々に話しあった。ピーターは、10代の息子が運転免許をとることに夢中だと語った。ジュリーは夫がずっと昔から、いつかアラスカ・クルーズに行きたいといいつづけてきたことを話した。

「それで先週の水曜日、彼がまたその話を始めたから、わたし、彼にいったの。『いったい、いつまでそうやって話すだけで満足してるつもり?』って。そしたら彼、翌日のお昼休みに旅行会社に行ってパンフレットをもらってきたかと思ったら、昨日ついに予約したのよ。ほんと、10年前にそうやって挑発してあげたらよかったのにと思ったわ」

グレッグは妻が、彼女の夢であった大学に戻る決心をしたと話した。ショーンは最近、

夢によって人は人生を取りもどす。
夢は人をいきいきさせる。
夢を追い求めることによって、情熱や活力が生まれる。

父親と前より多くの時間を過ごすようになったと語った。彼にとって父親との関係改善は、長年の懸案事項のひとつだった。「もう父親から何かいってくるのを待つのはやめました。そうしたら、すばらしい時間を持てるようになったんです」

相手の夢を理解しようとすること、そしてその夢の追求や実現に手を貸すことが、いかに人間関係を変える力強い原動力になりうるかを、いまでは全員がはっきりと自覚するようになっていた。

「わたしたちはみな、1人ひとりがドリーム・マネジャーなんですね」

その発言の主がローレンだとわかると、部屋じゅうに驚きが広がった。彼女が会議の席上で自分から話すことなど考えられなかったからだ。

アドミラル社のCFOであるローレンは、いつも物静かで非常に用心深い性格の持ち主だった。その彼女が続けていった。

「もし本気で誰かを助けたいと思うなら、その人が夢を具体化して追求できるよう、進んで手を貸す必要があります。そういう意味では、わたし自身が夫の、子どもたちの、友人の、ここにいる同僚の、そしてわたしの人生に少しでも関わるすべての人たちのドリーム・マネジャーになりうるんです。ショーンがやっているドリーム・マネジャーとは少しちがいますが、おたがいの夢に関心を払うとき、あらゆる人間関係は必ずよりよいものになるんじゃないかしら」

実績がすべて

ある日の夕方、社長室を出ようとしたグレッグは、秘書がこういっているのを耳にした。「今晩リタのところに行くの？」そこで彼は尋ねた。「リタはこれからパーティでもやるのかい？」

リタは毎週木曜の夜、家族や友人やアドミラルの社員を自宅に招くようになっていた。訪れた人々はソファに座ってコーヒーを飲んだりお菓子を食べたりしながら、リタの話に耳を傾ける。この小さな集まりが催されはじめて、すでに数週間が経つ。

あらゆる噂話と同じように、この話も社内じゅうに広まって、いまでは誰もがこぞって行きたがっていた。かの有名な〝リタのマイホーム〟を、自分の目でたしかめたかったのだ。まさに、百聞は一見にしかずだった。

リタは夢の話とともに、ドリーム・マネジャーとアドミラル社が自分のためにしてくれたことをいきいきと語って聞かせた。その話しぶりは、彼女さえその気ならどんなものでも売りつけることができるのではと思わせるほどだった。

それから半年のあいだに、同僚の6割がリタの家を訪れ、彼女のリーダー的資質はいかんなく発揮された。

ごく普通の清掃員である女性が、たった1人で、ドリーム・マネジャー・プロジェクトに懐疑的だった人たちの気持ちを変えてしまったのだ。彼女の**興奮とよろこびには伝染する力があった**。

噂はついに社外にも広まり、いつしかマスコミから取材の電話がかかってくるまでになった。「ビジネス・クーリエ」紙は、アドミラル社が導入したドリーム・マネジャー・プログラムを記事にし、リタとマイホームの話を紹介した。

その翌週、サイモンに17社から引き抜きの話がきたが、彼はそのすべてを断った。

新メンバー加わる

このところ、ドリーム・マネジャーの部屋のドアは、休まる暇がなかった。そしてサイモンとショーンとグレッグのもとには、面接希望者たちからセッションの順番がくるまでに日数がかかりすぎるという不満の手紙が寄せられるようになった。

この時点で、プログラムに参加している社員はまだ全体の半分に満たなかったが、ショーンはすでに月に150ものセッションをこなしていた。ある日彼がサイモンのところへやってきて「もう1人ドリーム・マネジャーが必要です」といったのも、無理からぬことだった。

「たしかにきみのいうとおりだ。きみのほうで探すかね、それともこっちで探したほうがいいかい？」

「もしそちらでやっていただけるなら助かります。わたしは現状で手いっぱいなので」

ショーンの声には、これ以上仕事を増やさずにすんだ安堵がにじみでていた。

それから2週間かけて、サイモンは候補者を3人にまでしぼりこんだ。この3人なら誰でも充分やっていけるだろうという粒ぞろいだった。だがショーンとサンドラ、そして社長にも決定に加わってほしかったので、3人立ち会いのもと候補者たちともう一度面接をした。

最後の候補者が部屋を出ていったところで、サイモンは3人に尋ねた。「どう思われましたか？」

「おっしゃるとおり、3人ともいい方ですね」サンドラがいった。

「ぼくもそう思う」とグレッグ。

「たしかに。あの3人なら、誰を選んでもきっとうまくやってくれるでしょう」ショーンも賛同した。だが、ひと呼吸おいてから、こう続けた。「でも、わたしはミッシェルがいいと思うんです」

ミッシェル・ワトキンスは42歳。企業の人材育成指導員で、個人的にカウンセリングの仕事もしていたが、まさか清掃会社に職を求めることになろうとは思わなかったと話した女性である。

「なぜ彼女を?」グレッグとサンドラが訊きかえした。

「ドリーム・マネジャーは人を励まし、彼らに夢を追求するのはすばらしいことだと思わせる必要があります。ものごとのよしあしを判断せず、手段を与えてあくまで本人に実行する責任を負わせる。自分で手を出してはいけないわけです」

「それで、ほかの人よりミッシェルが適任だと思う理由は?」サイモンが尋ねた。

「彼女には、そうした経験があるからです。人材育成の仕事をしてきたことで、命令してやらせるのではなく、相手を助けて目標を達成させることを学んでいるはずです。答えを押しつけるのではなく、相手から答えを引きだす——まさにこの仕事にうってつけではないでしょうか。それにカウンセリングの経験もある。まるでこの仕事のために10年間、トレーニングを積んできたみたいじゃありませんか」

彼の答えに全員が納得し、翌日ミッシェルに採用決定が通知された。2人目のドリーム・マネジャーの誕生だった。

みんな認められたい

グレッグは折にふれ、サイモンのオフィスにやってきてはおしゃべりをしたが、以前と変わったことがふたつあった。ひとつは必ずノックするようになったこと。ドアが開いているときでも返事を待ってから部屋に入るようになった。もうひとつは、話をするときに、まるでトラのようにうろうろ歩きまわらなくなったことだ。いまはちゃんと小さなソファに腰かけ、くつろいで話す。

だが変わらないこともあった。グレッグには常に話したいテーマがあった。

「これって、ほかでもやれると思うかい？」

「これ、とは？」サイモンはわざと訊きかえした。

「ドリーム・マネジャー・プロジェクトだよ」

「もちろんですとも。ご存じのとおり、わたしはすでに銀行と保険会社の友人に、彼らの勤務する支社でこのプロジェクトを始動できるよう手を貸してきましたが、おそらくは1年以内に、どちらも全国規模に拡大するんじゃないかとふんでいます」

「ドリーム・マネジャーの導入は、はじめからすんなり受け入れられたかね？」

「最初は決まって抵抗されます」

「どうしてだと思う？」

「ふたつの理由が考えられます。第一に、人はいつでも手っとり早い解決策を求めているからです。でも実際は、生きた人間が相手である以上、簡単な解決法など存在しないのです。第二に、ビジネスマンのほとんどにとって、ビジネスとは金を稼ぐことで、金をかけて問題を解決するという発想がないからです」

「もう少し詳しくたのむよ」

社長がなんとか理解しようとしているのがわかったので、サイモンは続けた。

「昔、大学生のころに、なるほどと思ったことがあります。当時わたしがつきあっていた女性が企業の報奨旅行を扱う旅行会社に勤めていたんですが、あるとき彼女に訊いたんです、なぜ企業は社員にただお金を渡さないのかと。彼女の答えは、お金を渡せば社員はそれを借金の返済やテレビの購入にあてるだろう、それはそれでいいことだが、旅行ほど大きなインパクトを与えることはできないからだ、というものでした。

旅行をプレゼントすれば、社員はそのあいだ仕事を離れてリフレッシュでき、旅行の楽しさを仕事と結びつけて記憶し、日ごろの労働が報われたと感じるでしょう。そしてそれらすべてがこれからも一生懸命働こうというやる気につながるというのです。さらに、彼らはその旅行のことを友達に話す。聞いた友達は、それはすごいといってくれたり、うらやましいと思ったりする。それもまた、社員にこの会社で働いていてよかったと思わせるわけです」

グレッグは考えこんでいる。サイモンはさらに続けた。

「雇用関係が金銭関係であるという考えは、もう過去のものです。現代の労働者が求めているのは、単なる昇給よりも、もっとずっと抽象的なものなんです。もちろん給料は大事ですが、同時に、彼らは自分のライフスタイルや働く環境にも関心がある。何よりやりがいのある仕事を求めています。

わたしがこのプロジェクトについて、ほかの会社の経営者や管理職の人たちに説明するときの抵抗は無理もないことです。なぜなら彼らは、人は金のために働くという古い考えを基本にして会社を動かしているんですから。もちろんそれも、ある程度は真実です。でもほとんどの場合、人は金のためだけに働いているわけではありません」

サイモンは自分の話を社長がうまく飲みこめないでいると感じた。そこでこう切りだした。

「思いだしてみてください、社長。あなただって最初は直接金を渡せばいいと思った。昇給すれば離職率の問題を解決できると考えていたじゃありませんか」

「ああ、たしかにそのとおりだ。でも、もし金じゃないとしたら、いったいなんなんだ」

「もちろん金銭も大事な要素ですが、もうひとつ、仕事の意義という要素もあります。ただし、世の中そんなに志の高い人ばかりじゃない。それほど意欲に満ちて働いている人ばかりじゃないということです。やりがいについては、はじめからあきらめている人も多いでしょう。そして何百年も続いてきた雇用者と被雇用者、経営者と労働者、企業と労働組合という闘いが、〝やつらとわれら〟という心理構造を生みだして、ビジネスの成功に必要なチームスピリットの形成を阻害してるんです」

「金でも仕事の意義でもないとしたら、ほかに何がある?」

「社員は、認められたいんです。会社を辞める人の85パーセントは、直属の上司との人間関係が原因です。彼らに上司との関係について訊くと、ほとんどが上司は自分や自分の仕事ぶりを認めてくれなかったと答えます。**社員にとって最大の関心は金でも福利厚生でも労働時間でもない。認められていると感じられるかどうか**なんです」

「社員にとって最大の関心は
認められていると感じられるかどうかなんです」

「うちの社員は感じているかな」

「そう思っていいと思いますよ。ドリーム・マネジャー・プロジェクトは、アドミラル社が社員のことを考えているという何よりの証拠になりました。会社が彼ら1人ひとりを大切に思い、彼らの貢献を認めているという証拠です。この『認める』ということが、企業という社会のなかでもっとも強力な通貨なんです」

「というと？」

「妻のメラニーは、わたしが彼女のためにしたちょっとしたことでも『とてもうれしい』とちゃんと伝えてくれます。本音をいえば、なかにはあまりやりたくないこともあるんですが、彼女がよろこんでくれることがわかっているので、してあげるとこっちの気分もよくなるんです。

3年ほど前、彼女は『あなたは私にとって友達との時間がいかに大切かを理解してくれている』といって、とても感謝してくれたことがありました。それ以来、つい彼女の時間でもわたしのために使われるべきだと思ってしまうようなとき、あのときの彼女の顔を思いだすようにしています。

子どもたちだって、こちらが頼む前に芝を刈ったり庭の手入れをしてくれたときにすごく褒めると、とても気分をよくして、それからは頼まなくてもやってくれることがずっと多くなるわけです。やって当然と扱われることを快く思う人は誰もいません。そういう態度は相手に反感を植えつけるだけです。代わりに認められ評価されれば、人は自分にも自分のやっていることにも自信を持つようになるんです」

「いまならぼくにもよくわかるよ。以前はそういう反感を肌で感じてたからね。まるで空中に毒が漂ってるみたいだった」

「いまはどうです?」

「いまは現場を訪れるたび、従業員に出くわすたびに、何かを感謝されてるよ。この仕事を始めて20年以上経つが、正直、この会社で働けてよかったなんていわれたことはいままで1度もなかったからね。でもドリーム・マネジャー・プロジェクトを始めて、すべてが変わった。いまは社員からありがとうといわれない日はない。かつては、ぼくがうろついていると、みんなそそくさとどこかへ行ってしまったが、いまじゃむこうから駆けよってきて、最近かなった夢について語ってくれるようになった」

「社員を認めたことで、経営状態もよくなりましたよね。利益は増えつづけ、ビジネスはさらに拡大し、離職率は下がりつづけています。

わたしが日常業務のなかで気づいたのは、最近、不平不満があまり聞かれなくなったということです。社員からも得意先からも不満が持ちこまれなくなったので、そのぶん将来のビジネスについて戦略的に考える時間が持てるようになりました。自分が本当に認められていると感じると、人はたいていどんなことでもいとわずにやるものなんですね」

トイレのドアに

翌日、グレッグはトイレに入ってドアを閉めたところで驚いた。ドアの内側に「あなたの夢はなんですか?」という手書きの紙が貼られていたのだ。

ためしに隣のトイレを見ると、そこにも同じ紙が貼ってある。すべてのトイレをひとつずつのぞいて、どのドアにも同じメッセージがあることを確認した。

彼は社長室に戻ると秘書にいった。「いっしょに来てくれ」デボラはわけがわからないまま机から立ち上がった。〈もしかしたら昔の社長に戻って、癇癪《かんしゃく》でも起こそうというのかしら……〉

いっしょに廊下を歩いて女性トイレの前まで来ると、グレッグは立ちどまっていった。「悪いが、なかに入ってドアの内側に何かあるかどうか見てきてほしい」

だがデボラはそこに立ったまま、彼を見つめるばかりだ。「さあ」グレッグは促したが動こうとしない。

そうしてついに、おずおずとこう答えた。「そこには、『あなたの夢はなんですか？』という紙が貼ってあります。全部のドアにです。毎晩ここを掃除しているホセが、1週間前、その紙を貼ってもいいかと訊いてきたんです。いい考えだと思ったものですから許可しました。……どうか彼を怒らないでください」

「怒る？　怒ってなんかいないよ。怒る理由がどこにある？　ぼくはうれしいんだ。彼に伝えてくれ、明日は少し早めに来て、ぼくのオフィスに寄るようにと」

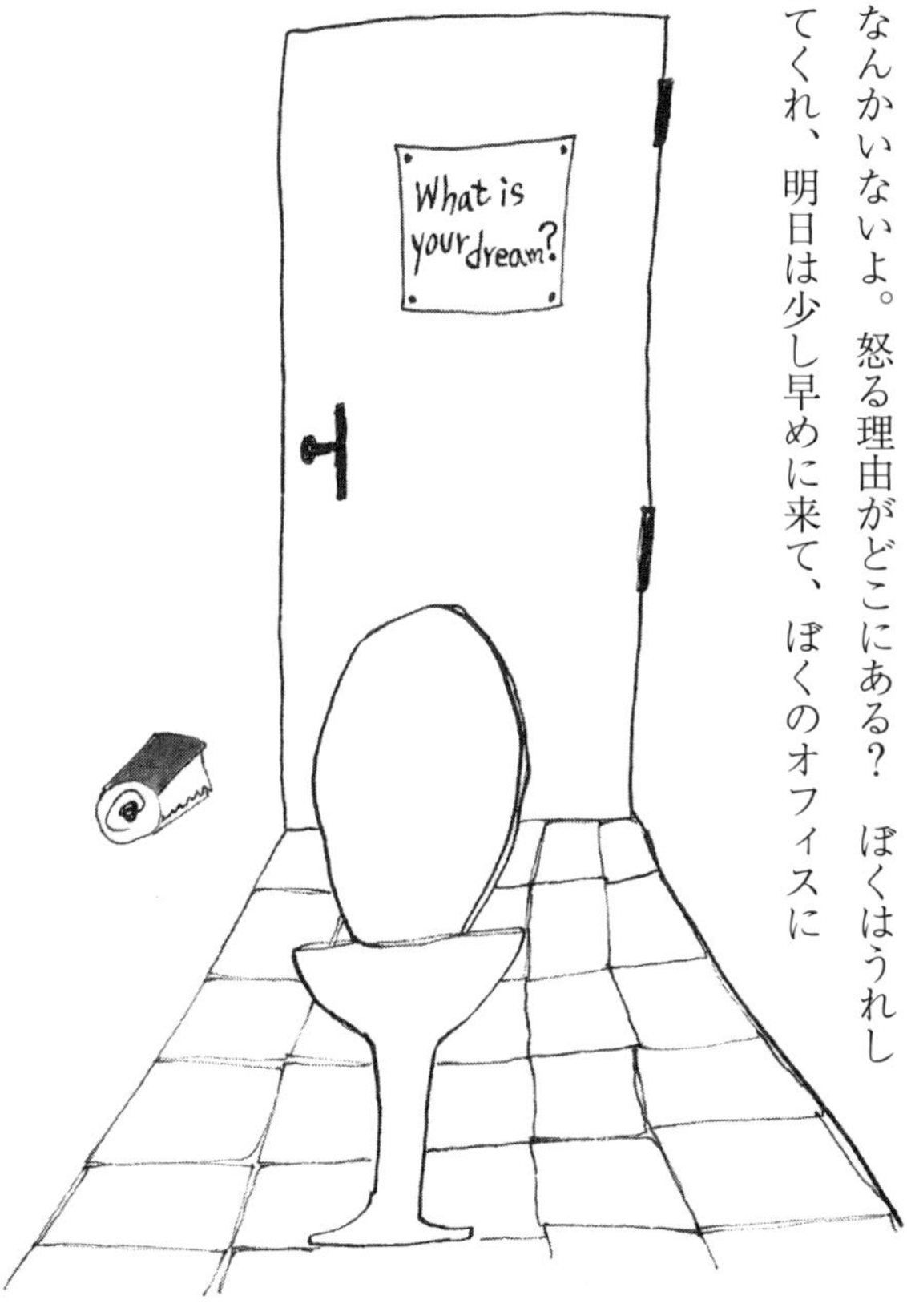

次の日、ホセがやってくると、グレッグは彼を褒めたあとで、建物じゅうのトイレのドアに同じメッセージを貼れるよう、デボラといっしょにプレートをつくることを命じた。ホセが顔が輝かせ、部屋を出ていこうと背中を向けたとき、グレッグは尋ねた。「ホセ、きみの夢はなんだい?」

「いつか、自分でビジネスを始めたいと思ってるんです」彼はそういって、にっこりと笑った。

次のステップへ

プロジェクトを開始して2年が経過した。

アドミラル社では、従業員のうち11人が、まさか買えるとは思ってもみなかったマイホームに住み、100人以上が最初の夢をかなえていた。

離職率は2年で400パーセントから50数パーセントにまで下がり、それとともに利益も飛躍的に伸びていた。

このころグレッグは、サイモン、ショーン、ミッシェル、サンドラ、それにそれぞれの妻や夫を連れてカリブ海へ行き、経営戦略会議を持った。仕事と慰労を兼ねた旅行だった。このアイデアを思いついた当初は、もしかしたらほかの社員から反発があるのではないかと心配したが、ふたを開けてみるとまったく逆だった。サンドラは、同僚のひとりが「この旅行で、また何かいい知恵をしぼろうとしてるんだと思うわ」といっているのを耳にした。

一行はアンティグアに5日間滞在した。美しいビーチとすばらしい天気に恵まれたが、何より配偶者も同行したことがよい相乗効果を生んだ。

滞在中、朝は全員で朝食を囲んだ。それから社員は社長のスイートルームでミーティングを行い、配偶者たちはスパやビーチやゴルフに出かけた。2時から夕方までは自由時間、ディナーにはふたたび全員が顔をあわせた。

初日のミーティングで、グレッグはドリーム・マネジャー・プロジェクトの成功を総括し、利益の一部を社員に還元したいと告げた。そしてそのための方法として、「昇給」「新しいボーナス・システムの導入」「ドリーム・マネジャー・プログラムの充実」の3つをあげて説明した。

2日目は、サンドラの夫とグレッグの妻が会議を見学してもいいかと訊いてきた。「サンドラからプロジェクトの話を聞かされて以来、とても興味を持っていたので、もっとよく知りたいと思って」サンドラの夫ポールがいった。

「かまいませんが、ひとつだけ条件があります」サイモンは答えた。「もしもわたしたちの気づかないことに気づいたときには、遠慮なく発言していただきたいんです」

メンバーはドリーム・マネジャー・プロジェクトの今後の方向性について話しあい、最初の3日間で、プログラムをさらに充実させるアイデアが出そろった。そして4日目のお昼前、いよいよどのアイデアを採用するかを決めようということになった。

ところが、昼食を終えて会議に戻ろうというとき、サイモンが全員に向かっていった。

「今日はこれを決めるべきじゃないと思うんです」

「でも明日には発つんだぞ」グレッグが異議を唱えた。

「わかっています。でも、さっき気づいたんです。いちばんいいのは、このプロジェクトをどう発展させていったらいいかを社員に訊くことじゃないか、と。まずは社員の意見を聞くことが大切だと思うんです。彼らをしめだすべきじゃない。このプロセスに参加させようじゃありませんか」

「じつは、わたしも同じことを考えていました」ミッシェルがいった。「そろそろ次のアンケートをやるべきときにきているのかもしれません」

「同感です」サイモンはそういいながら、彼女がアンケートの話を持ちだしてくれたことに感謝した。

ショーンが続いた。「では、ここで話しあったアイデアを短くまとめて、社員にどう思うかを訊きましょう。それから優先順位をつけてもらって、ほかに何かアイデアがあれば、それも出してもらうようにしましょう」

彼らはすでにわかっていたはずのことを、改めて確認しあったのだ。**プロセスへの全員参加に勝る方法などありえなかった。**

3 ハッピーエンド

ときには解雇も

最近、グレッグは社内をぶらつき廊下を行ったり来たりしては、あちこちのオフィスをのぞいてまわるようになった。頭を悩ますべき問題が減り、サイモンや幹部社員たちの仕事を細かく監督する必要を感じなくなったからである。

ここにきて初めて、彼はビジネスが軌道に乗っていることを実感できるようになった。

以前なら、もしもひと月の休みをとってバカンスに出かけたりしたら、帰ってきたときには会社がどうなっているかわからなかっただろう。だがいまは、仮にひと月留守にしたとしても、会社は無事であるばかりか、さらによくなっているだろうという自信がある。

だからこそ、彼は妻メアリーと〝計画〟を立てたのだ。ふたりは来年の夏、オーストラリアに1カ月の旅行をしようと話しあっていた。メアリーは前からずっと旅行に行きたいといっていたのに、グレッグが旅行は嫌いだといってきた。本当は、会社から目を離すのが怖かったのだ。だがいまは、みずから陣頭指揮に立つ必要を感じなくなっていた。

ある日の午後、グレッグはちょうどミーティングを終えたサイモンとミッシェルに出くわした。

「何をやってたんだい?」

「世の中でもっともやりがいのある仕事ですよ」サイモンが答えた。

「なんといっても人を助ける仕事ですからね」ミッシェルが続いた。「わたしのやっていることを友達に話しても、みんな信じられないっていうんですよ」

「不思議だよな――」とグレッグが話しだした。「うちの社員はごく普通の人たちで、それぞれにちがうバックグランドを持っていて、それぞれちがう問題を抱えている。でも、夢をいだくには誰かの助けが必要で、その夢を気兼ねなく話せる誰かを必要としているのはみんな同じだ。こうやって口にすれば単純なことだが、その影響力はとてつもなく大きい。最近ぼくは、ベッドに横になってからときどき社員の夢のことを考えるんだが、彼らの人生にどんなことが起きているかを思うと、わくわくするよ」

「ほんとうに、10年前にこのアイデアを聞かせてもらいたかったくらいです」とミッシェルがいうと、グレッグが笑った。

「それをいうならぼくだって、10年前にサイモンがこのドリーム・マネジャー・プロジェクトを考えついてくれたらどんなによかったか。いままでぼくは、この会社を辞めていった何千人という人たちに対して、彼らにはまったく失望させられたと思ってきた。でも実際には、おたがいさまだったんだよ。いや、彼らよりもぼくのほうが彼らを失望させたのだと思えて仕方がない」

「そんなふうにご自分を責めることはありませんよ。わずか2年のあいだに、わたしたちはここまでの進歩を遂げたんですから」

「たしかにこの会社はこの2年でずいぶん変わった。これからも変わっていってほしいと思ってるよ。さて、そのためにいま取り組むべき課題が何かあるかな？」

「じつは、そのことでいままでミッシェルと話しあっていたんです。彼女がいうには、幹部社員のなかに、わが社にふさわしくない人物がいると」

「どういうことだ？」グレッグがミッシェルに向きなおって尋ねると、彼女は臆することなく答えた。

「もしも本気でこの会社をすみずみまで変革したいなら、社員のなかに、変わるか去るかしてもらわなくてはならない人がいるということです。実際には、いまの時点で変わっていないのですから、今後も変わる可能性は低いと思われますが……。わたしが念頭に置いているのは3人、いずれも管理職の人間です。一般社員では、働く意欲のない人はみな居づらくなってみずから辞めていきましたが、上層部ではことはそう簡単じゃありませんから」

「3人とは誰だ？　その理由は？」

「チャーリー、ジョー、スコットです」

「全員、部長じゃないか！」グレッグは驚きを隠せなかった。

「わかっています。でもわが社には彼らに代わる人材が少なくとも12人はいて、しかもこの人たちのほうがずっとうまくやれるでしょう」

「でも長年うちで働いてくれている人ばかりだ」

「それもわかっています。だからこそ彼らは昇進したんでしょうが、残念ながらその仕事にいちばんふさわしい人材というわけではありません。考えてもみてください。**長く雇っているという理由で昇進させるサッカー・チームがもしあったらどうなるか。サッカー・チームの監督は常に、ベストメンバーをグラウンドに送りだします。**わたしたちも同じじゃないでしょうか」

「だが彼らをいきなりクビにすることなんてできない、そうだろう?」

「そのとおりです。でもチャーリーとジョーはすでに人事部から、この1年間の業績不振、目標の未達成、会社の経営方針を遵守しなかったことを指摘する書面を受けとっています。問題はスコットです。彼は自分のトラブルを他人のせいにするなど、部下を率いる資質に著しく欠けると思われます」

「きみはどう思うんだ」グレッグはサイモンに訊いた。

「ミッシェルのいっていることは正しいと思います。彼らをいまのまま放置しておくのは、ちゃんとやっている社員によくないメッセージを送ることになるでしょう。いいかえればこれは、社内の優秀な人材3名にチャンスを与えることにもなるわけです。それは何より夢の実現に手を貸すことなんじゃないでしょうか」

「わかった。ただし、くれぐれもきちんとした手順を踏んでくれよ」グレッグは念を押した。

「もちろんです」ミッシェルは請けあった。「まずは彼らに、指摘した点が改善されない場合は雇用関係を解消するという最後通牒を書面で送ります。それで奮起してくれれば問題はありません。そうでない場合も問題は解決されるわけですが、いずれにせよ、お粗末な仕事と二流のリーダーシップにこれ以上目をつぶることは許されません」

「いいだろう」グレッグはいった。「早速とりかかってくれ」

意外な望み

カリブ海から戻ってからというもの、サイモンはいろんな人から、むこうに行っているあいだに何が決まったのかと訊かれるようになった。それに対して彼は、決まったことは何もないが、ドリーム・マネジャー・プログラムの改善と発展のためのアイデアをいくつか考えたので、どう思うかを社員にはかるつもりだと答えた。

カリブ海の会議で、ひとつだけ意見の一致を見たのは、できるだけ早く希望者全員の夢に着手する必要があるということだった。現時点でプログラムに参加できているのは、まだ全体の65パーセント、ショーンとミッシェルの仕事量を考えると、全員が最初のセッションを終えるには、あと1年はかかる見通しだった。

この待ち時間を解消するには、少なくとももう1人か2人のドリーム・マネジャーが必要だったが、この点に関しても、ほかのアイデアといっしょにアンケートに盛りこみ、社員の意見をたしかめることにした。


アンケートが配布されるや、今度は記録的スピードで回収された。回答者の数も過去最高を記録した。前の2回と同様、今回も無記名でよいとされたが、名前を書いた場合には、本人が希望すればその回答を担当のドリーム・マネジャーに渡すことになっていた。

その結果、回答者の96パーセントがアンケートに名前を書き、その全員が、まだドリーム・マネジャーと面接できていない人も含めて、自分のアンケートをドリーム・マネジャーに渡してほしいと希望していた。また圧倒的多数が、今後3カ月ないし6カ月のあいだに希望者全員がプログラムに参加できることを最優先課題にあげていた。

そして社員側から寄せられた希望は、グレッグたちがたとえ半年カリブ海で話しあっても考えつかないものだった。

社員がもっとも望んでいたのは、彼らの**子どもたちがドリーム・マネジャーと面接できるようにする**ことだった。じつに71パーセントのアンケートに「子どもたちにもドリー

子どもたちが
ドリーム・マネジャーと面接できるようにする。

ム・マネジャーが必要です」といった言葉が記されていたのである。

初回のアンケートで知った真実は、今回のアンケートでも真実だった。すなわち、予想とは常に裏切られるものなのだ。

発展プラン

サイモンとドリーム・マネジャーたちがアドミラル社に築こうとしているのは、夢を見る文化だった。

かつてこの会社の社員休憩所の掲示板には、どこの会社にもあるような雑多なお知らせがごちゃごちゃと貼られていたが、いまは実現した夢の写真でいっぱいだった。毎月ドリーム・マネジャーと会うために本社にやってくる社員たちは、休憩所に立ち寄ってほかの社員がどんな夢をかなえているかを知ることが奨励された。

このころ、幹部社員たちは新しいボーナス体系を話しあうために何度も会合を重ねていた。

ドリーム・マネジャー・プログラムが導入されて11回目の四半期を迎え、四半期ごとの利益は着実に増えていた。グレッグはプログラムに次々と資金を還元していたが、それでも利益の上昇にはおよばず、別の方法で社員に報いたいと考えていた。

「ぼくはこれを一度きりのことにしたくない」グレッグは全員に向かっていった。「増加した利益の一定割合が毎年社員に還元されるようなシステムをつくりたいんだ」

「どのようなことをお考えなのですか」と尋ねたのはサイモンだった。

「いま考えているのは3つだ。ひとつ目は、全体的な給与の底上げ。ふたつ目は会社の業績と個人の成績に連動したボーナスシステムの構築。これに関しては、各部に利益に応じて一定額を割りあて、分配は部内で決めることを考えている。

そして最後はドリーム基金の創設だ。四半期ごとの利益の一定割合をこの基金に算入し、社員は自分の夢の実現に役立てるための奨励金を申請することができるというしくみだ。誰がこの奨励金をもらえるかは、全員の投票で決めることにする。とりあえずは500ドル、1000ドル、2500ドルというカテゴリーを設定するといいだろう」

よく練られた社長の提案に、全員が驚きのあまり言葉を失った。それは彼自身が変わったことの、何よりの証左だった。

彼がすべてを話し終えると、サイモンが立ちあがって拍手した。それにひとり、またひとりと続いた。グレッグは照れくさそうにしていたが、会議室にいる全員が照れる必要などないことを知っていた。

ドリーム基金と新たな昇給システムが社員にさらなる興奮を巻き起こしたことはいうまでもない。ドリーム・マネジャーなど一時の気まぐれにすぎないと思っていた社員も、これが永続的なものであることを確信するようになった。

ドリーム基金から奨励金が授与されるようになると、そのことが社員の想像力をさらにかきたて、夢はますますふくらんでいった。最初は夢リストのなかのごく小さな夢から着手した人も、徐々に大きな夢を目指すようになった。そして夢を実現するたびに、それが自信となり、いままで以上に野心的な夢をリストに加えるようになった。

奨励金の話に刺激を受けて、実際に行動を起こす人は確実に増えた。

まったく新しい何かが生まれようとしていた。これまで企業というものは、主に勤勉さや優秀さを競う場とされ、労働効率やテクノロジーといったことを土台に運営されてきた。しかしいまここに、ひとつの会社が夢を見ることを企業文化とし、めざましい成果をあげたのである。

夢が現実になる文化のなかでは、仕事への情熱と、やってやれないことはないという自信とが無限に生みだされることが次第に明らかになりつつあった。

プラスの連鎖

アドミラル社のビジネスは活況を呈していた。顧客は増え、売上も増加した。離職率の低下はコストの軽減を意味し、必然的に収益の増加をもたらした。

離職率の低下にはたくさんの利点があったが、その多くはサイモンが当初予期しなかったものだった。そもそも、彼が高い離職率の解決に躍起になったのは、それが会社に多大な費用負担を強いていたのと同時に、彼自身がその状況にうんざりしていたせいだった。

しかし、こうして離職率問題が片づいてみると、絶え間ない求人と新人教育にかかる莫大な費用のほかに、やる気のない社員が会社にもたらしていた隠れた損失も明らかになった。

たとえば、ドリーム・マネジャー・プログラムの3年目、社員の病欠は導入前の1年間に比べてわずか17パーセントに、つまり病欠者ののべ日数は83パーセントも減少した。遅刻も大幅に減って、記録をとる必要もないほどになった。

また、かつては顧客を失う問題も抱えていたが、いまはちがう。この1年、ただの1社も得意先を失ってはいなかった。

「考えてみると怖いですね」サイモンはグレッグにいった。「仮病を使って休むことから私用に切手を使うことまで、社員が会社に悪影響をおよぼす方法はいくらだってあるんですから」

「たしかに。でも悪いことばかり考えすぎると、頭がおかしくなってくるぞ。かつてのぼくが、まさにそうだったようにね。それより、ぼくが学んだのは、**社員によくすれば彼らもぼくたちによくしてくれる**ってことだ。もちろんなかにはうまい汁を吸おうという姑息な人間も必ずいるが、最終的にそういう人間は敗者になる運命にある」

「わたしもこのあいだ、同じようなことを考えました。いまわが社の社員は557名、昨年の同時期に比べて32パーセント増加しましたが、洗剤類や消耗品の年間消費量はむしろ減っているんです」

「まさか。ありえないよ」

「ところがそうなんです。わたしも最初に数字を見たときは信じられませんでした。経理上のミスかと思ったので、確認してみたんです。経理課のシンディに聞いたところでは、課長たちが部下に、仕事の質を落とさず洗剤を減らすことを心がけるよう、熱心にはたらきかけているそうです」

「生産性は上がるし、コストは下がる。社員に少しばかり夢を見るよう教えたことの結果がこんなふうに現れるなんて、いったい誰が予想しただろう？」

グレッグはそういって首を振った。

「それだけではありません。新しく商業ビル担当部長になったホセが先週やってきて、必要とあらば、1週間の担当分にもう1棟ビルを追加してもかまわないというんです。彼のチームは今年、すでに27パーセントも仕事量を増やしているというのに、です。いやまったく、われわれはじつに巧妙で無駄のないマシンをつくったようなものですよ。他社も含め、これまでのわたしのビジネス人生で、もっと金をくれという社員は大勢いても、もっと仕事をくれといわれたのは初めてです」

グレッグが微笑んだ。

「それから余談ですが」とサイモンが続けた。「ホセは2カ月前に退社したスコットの後任なんですよ」

しかしこうして社員が自発的に仕事を引きうけてくれてもなお、アドミラル社は人手が足りなかった。サイモンはふたたび採用に力を注いだが、今回は欠員の穴埋めに奔走させられたのではなかった。インターネットや新聞にひっきりなしに求人広告を出し、血眼になって社員を探す必要もなかった。黙っていても、むこうから人がやってきたのである。

かつては多額の費用と時間をかけてやっとの思いで人員を確保したものだが、もうそんな必要はなくなっていた。そのぶん浮いた資金と時間は、ドリーム・マネジャー・プロジェクトによって生まれた余剰資金とともに、会社と社員のためのより積極的な投資に使われた。

社会的評価の高まり

その年の6月、グレッグは本年度のオハイオ州企業家賞を授与され、全国大会に進んだ。

全国大会の授賞式会場はラスベガスのシーザーズ・パレス。50名の候補者全員とその家族や友人や招待客が一堂に会し、その総数は3000人に達した。グレッグはそこに、17ある部署から各2名、計34名の社員を招待した。

グレッグはスピーチで、ドリーム・マネジャー・プロジェクトの成功の裏にはサイモンの勇気と才能があったことに触れた。また彼がいかにして、バックグラウンドも給料もさまざまにちがう人々の夢の実現を見守ってきたかを語った。

そして場内が静まりかえるなか、彼は最後を次のように締めくくった。

「わたしたちはみな夢を持っています。わたしたちの人生は、夢を持つのが早ければ早いほど、そしてその夢に向かって歩けと励ましてくれる友人や先輩が多ければ多いほど豊かになります。やがては他人の夢に手を貸すことも覚えるでしょう。そうやってよい循環が生まれます。

アドミラル社で働く人の多くは、貧しさのなかで育ちました。この3、4年でわたしが学んだのは、貧しさは単に金銭の問題ではないということです。**本当の貧しさとは、機会が与えられないこと**なのです。わが社は夢を信じて、人々が夢に生きる機会を与えることにしました。最初はあるひとつの問題を解決するために始めたことでしたが、結果として人生の核心を発見したのです。

さて、みなさんの夢はなんですか？　みなさんも夢に生きてみませんか？」

スピーチが終わると、聴衆は立ちあがり拍手喝采となった。社員34人にとって、これ以上誇らしいことはなかった。

その後、クリスマスの1週間前、アドミラル社は市でもっとも尊敬される企業にも選ばれた。

こんなことが、いったい誰に予想できただろう。いつもは垢抜けた広告会社や国際的企業に与えられる栄誉を、いま、一清掃会社が勝ち得たのだ。

グレッグ、サイモン、ショーン、そしてほかのドリーム・マネジャーたちのところには、これまでにも増してマスコミからのインタビューの依頼が殺到した。別の会社でドリーム・マネジャー・プログラムを始めてみないかというヘッドハンターからの電話も途切れることがなかった。

だが誰もインタビューを受けず、誰もアドミラル社を去らなかった。

クリスマス

初回のアンケートのとき、「ちゃんとしたクリスマスを」と書いた従業員がいたことをショーンは忘れていなかった。だが無記名だったため、そのときは誰が書いたのかわからずじまいだった。

〈なんてシンプルな夢なんだろう〉あのとき彼はそう思ったのだ。

ボブ・ベイカーが初めてのドリーム・セッションにやってきたのは、クリスマスの6週間前だった。彼こそ、初回のアンケートにあのシンプルな夢を書いた本人だった。

ボブは23歳、15歳のときに両親に捨てられた過去を持っていた。いまは結婚し、5歳になる息子ジョシュアと2歳の娘リサの2児の父である。

ドリーム・マネジャーに会いたいという彼の希望がかなうまでに、ずいぶんと長い時間がかかっていた。初回のアンケートのときからいた社員のなかでは、最後に残ったうちの1人だった。だがついに、彼にもこの日がやってきたのだ。

ショーンは彼が持参した夢リストに目を通して、そのシンプルさに驚いた。ドリーム・マネジャーとしての経験からいうと、夢とは進化するものである。最初は小さな夢を選び、それが実現すると今度はもう少し大きな夢を持つようになる。だがボブのリストを見ると、そもそも夢を追いかけた経験がないことがわかる。それは怠惰ゆえというよりも、持てる時間とエネルギーのすべてを日々の生活に使わなくては生きてこられなかったということだった。

そこに書かれたどの夢からかなえてもよかったのだが、クリスマスを6週間後に控えているいま、ショーンの目はやはりあのシンプルな言葉に吸い寄せられた。「ちゃんとしたクリスマスを」

「この〝ちゃんとしたクリスマス〟というのは、たとえばどういうことですか?」

ショーンが何気ない調子で尋ねると、ボブは詳しく語りはじめた。それが彼の子どものころの夢であり、いまは自分の子どもたちのためにやってあげたいと心から願っていることがだんだんと明らかになった。

ショーンはボブが語る夢のクリスマスをできるだけ細かく書きとめたあと、いっしょに計画を練り、紙に書きだしていった。そしてボブの経済状態をひととおりチェックし、今後6週間の貯蓄計画を立てた。

セッションを終えて部屋を出ていくボブに、ショーンは声をかけた。

「いまからクリスマスまでに、3回給料日があります。あなたが夢見ていたものとまったく同じとはいかないかもしれませんが、まちがいなく、これまでで最高のクリスマスになりますよ」

じつはショーンは、話しあったプランをボブに実行してもらう一方で、別の計画も考えていた。彼はその日のうちに、その計画を説明したメールを各課長・部長宛てに送った。そのメールには、ボブの妻と子どもたちの年齢と趣味が記され、ボブの夢に手を貸してもいいと思う人は、12月21日までに食料品やプレゼントをショーンかミッシェルのオフィスに送ってほしいとあった。

ボブの2度目のドリーム・セッションは12月22日だった。最初は12月12日を予定していたが、ショーンはそれをわざとキャンセルし、この日にスケジュールしなおしたのだ。

ボブがやってくると、ショーンは彼を座らせてから、プランの進捗状況を尋ねた。ボブはまじめに計画を実行し、こつこつと貯金していた。「ショーン、あなたのいったとおりですよ。夢とそっくり同じにはならないだろうし、今月は請求書の支払いが少し滞るかもしれないけど、きっといままでで最高のクリスマスになると思うんです」

ショーンは微笑んで立ちあがった。「よくがんばりましたね、ボブ。ちょっとそこまでいっしょに来てもらえませんか?」

ショーンが向かったのは空き部屋のひとつで、そこにはこの6週間のあいだに送られてきた贈り物が山と積みあげられていた。部屋の手前までくると、ショーンはボブに、彼の夢をほかの社員に話したところ、みんなが協力してくれたと告げた。

ショーンがドアを開けた。ボブは目の前の光景が信じられなかった。バスケットボ

ール、野球のバット、ドールハウス、ランニングシューズ、自転車、洋服、iPod、それにクリスマスパーティ用のありあまるほどの食料品やお菓子……。そこにあったのは人々の善意の山だった。

彼がショーンをふりかえった。「こいつはすげえや」

全社員がセールスマン

アドミラル社で働くペトラは、ダウンタウンのオフィスビルで夜間の清掃に従事していたが、クリスマスに家族が集まったとき、伯父に向かってこう切りだした。「ジョーおじさん、おじさんとこのビルの掃除をうちの会社でやらせてもらえないかしら。うちのほうがきっといい仕事をするわよ」彼女の伯父は5丁目にあるビルを管理していた。

翌年3月、契約更新の時期を迎えたとき、ジョーはアドミラル社に入札に参加するよう声をかけてくれた。こうして6月1日、アドミラル社の新しい仕事が始まった。

「聞いたところでは、5丁目のリンドナー氏のビルの契約が決まったそうだね」

グレッグが電話をかけると、サイモンはすぐに席を立って社長室に出向いた。

「そうなんです。でもどうやって契約に至ったか、ご存じですか?」

経緯を知ったグレッグは、今度は経理課に電話して1000ドルの小切手を用意させた。そして帰宅途中にペトラが働いているビルに立ち寄ると、彼女に感謝の意を伝えて小切手を手渡した。

この噂は、またしてもまたたく間に会社じゅうに広まった。そして社員全員が新しい得意先を探すようになった。

腕利きのセールスマンが3人いただけの新規開拓のための営業戦力は、一夜にして550人を擁する大部隊へと変身した。彼らはどこへでも出かけていって、新たな顧客の開拓に着手した。アドミラル社のビジネスは、また一段と飛躍を遂げた。

「よく考えてみれば、じつに納得できる話だ」ある日の会議で、グレッグは幹部社員たちに向かっていった。

「ビジネスが失敗するときにはたいてい、少ない戦力に大きな間接部門がぶらさがっている。逆に**成功する企業では、全員が戦力と化す**ものだ。だからもし全員がセールスマンを兼ねるとしたら、成功しないわけがない」

幹部会議の雰囲気も、いまでは友情に満ちたものに変わっていた。なかには、こうして出会わなければ決して友人同士にはならなかっただろうという人も含まれていたが、それがかえって会議に多様性を生み、この多様性こそが、活力ある共同作業を生みだしていた。

彼らが信じたいとずっと願ってきたこと、すなわち会社が社員に関心を持ち、社員のことを本気で考えていることが伝われば彼らも同じことを返そうとするということが、いままさに目の前で起こっていた。そしてその結果として、全社員が会社のセールスマンとなったのである。

転職も支援

その次の会議の冒頭、グレッグはこの3カ月間退職者が1人も出ておらず、これはアドミラル社始まって以来のことだと発表した。

ところが、これに対してサイモンはいった。「でもなかには、そろそろ辞める時期にきている人がいるでしょうね」

「いまなんと?」グレッグは耳を疑った。

「アドミラルを辞めて次の仕事に就く必要のある人がいるのではないかということです」

「いったいどういう意味だ?」グレッグは明らかに少しいらついていた。

「残念ながら、トイレ掃除やオフィスの清掃を一生の仕事にしたい人は多くありません。従業員のなかには、なんとか現状を変えようと懸命に努力し、大学で勉強している人もいるくらいです。率直にいって、わたしはこの会社での昇進がむずかしい社員には、ステップアップできて夢をかなえられるところへ行けるよう、手を貸すべきだと思っています」

「そんなバカな話は聞いたことがない! このあいだまで必死になって彼らを引きとめようとしてきたのに、今度は出ていくのに手を貸そうっていうのか?」

「たしかに取締役のいうとおりかもしれません」地区担当部長のピーターが口をはさんだ。

「仮にそれをやらないとしたら、彼らはやがてやる気を失って、遠からず、われわれは昔と同じ問題を抱えることになるでしょう、遅刻に欠勤、能率低下、高離職率……」

「そういうことです」とサイモンが続けた。「彼らを縛りつけてはいけない。多少の離職率は決して悪いものじゃありません。むしろゼロというほうが不健全です。われわれが彼らの夢に手を貸し、彼らの成長を促しつづけるとしたら、結果として、わが社では物足らなくなる人が出てきて当然なんです」

「ちょっと待ってくれ」グレッグが途中でさえぎった。「仮にぼくが、とても正気とは思えないその考えに賛成するとしても、いったいどうやってそれを実行に移すっていうんだ？　『残念ですが、うちの会社はあなたには役不足になりました』とでもいって放りだそうっていうのか」

「もちろんそんなことはしません」サイモンはいった。「いまのわれわれには、いままでとはちがう種類のドリーム・マネジャーが必要なんだと思います。このドリーム・マネジャーは、**わが社では物足らなくなった人がいた場合に、外の働き口を探してやる**ことが仕事になります。職業紹介や新人採用の分野で経験のある人がふさわしいでしょう」

「社内の職業安定所ってわけか」

「そういうことです」

「いかれてる。まったくどうかしてるよ。われわれの目標は社員に長く働いてもらうことだったはずだ。それが今度は、彼らが辞めていくよう促せと？」

「ええ」やや遠慮がちにサイモンは答えた。

「きみがいいたいのは、要するにこういうことだな？　うちの社員がよそで働けるようにするための人間を、このわたしに雇えと？」

「それが、わが社のためなんです」サイモンはグレッグに向かって訴えた。「一見すると、企業としての利益の追求から逸脱しているように思えるかもしれませんが、じつはそうで

わが社では物足らなくなった社員に、
外の働き口を探してやる。

はありません。会社にとって最善の策なんですよ」

グレッグが無言でにらみつけていたが、サイモンは先を続けた。

「こうすることで社員のなかに生まれる会社への敬意は、これまでとはレベルのちがうものになります。人々はアドミラル社を夢が実現できる場所とみなし、ここが行き止まりではないと考えるようになるでしょう。そうなれば、夢をかなえたい人は、こぞってわが社で働きたいと思うはずです。つまりわが社には、**常にいい人材が集まってくることになる**んです。いい人材とは、やる気があって、夢を実現するために懸命に働こうという人たちです」

「わかった、わかったよ」グレッグはこれ以上は聞くに堪えないとでもいうようにいった。

「きっときみのいうとおりなんだろう。ただこれまでずっと全社一丸となるために必死でやってきたせいか、ぼくには彼らがまるで家族のように感じられて……」

「ええ、たしかに家族みたいなものです。だからこそ、巣立ちを認めなくてはならないときがあるのです」サイモンはそういって締めくくった。

その日、全員の賛成を得て、ドリーム・マネジャーの新メンバーを探すことが決まった。有望な人材が未来への展望を拓き、夢の実現に向かって飛びたてるよう手助けすること——、それが新しいドリーム・マネジャーの仕事だった。

サイモンは人が入れ替わるのは必ずしも悪いことではないということを、社長にもほかの幹部社員たちにもわかってほしかった。あるときは、組織にとって有害だという理由で辞めてもらうよう仕向けなければならないことがある。またあるときは、ただ単にその組織にあわなくて辞めてもらう人もいる。だがなかには、その会社ではもはやその能力を生かしきれないという理由から、よそへ行ってもらわなくてはならない人もいるのだ。

離職率ゼロが、組織の目標ではない。

高級な悩み

「社長、時代は変わりましたね」社長室の前を通りかかったサイモンがグレッグに声をかけた。

「どんなふうに?」とグレッグが訊きかえすと、サイモンは部屋に入ってきて腰をおろした。

「先週、3つの職で求人広告を出したところ、じつに700人もの応募者がありました。しかもその75パーセントは、うちの社員の親戚もしくは紹介だったんです」

「ああ、わかるよ。今朝ショーンと話したんだが、このところドリーム・セッションの終わりに必ずといっていいほど、いま人は募集していないのかと訊かれるそうだ。『じつはいま弟が、叔父が、友達が仕事を探してて……』とね」

そういいながらグレッグは、〈なんと贅沢な悩みだろう〉と思っていた。かつての悩み多き日々がうそのようだ。

サイモンはいった。「こういう悩みをショーンがなんと呼んでるかご存じですか?」

「いや」

「高級な悩み、と」

「うまいことをいうね。たしかに競合他社はみんなもっと深刻な悩みを抱えてるよ」グレッグはそういうと、いつもの笑みを浮かべた。

検証成功

サイモンはついに、この約4年間ずっとやるまいと思ってきたことを始める決心をした。ドリーム・マネジャーのコンセプトを使ったコンサルティングである。グレッグも彼が週に1日休みをとって、他社のコンサルティングをすることを認めた。

サイモンは古い友人を何人か集め、シカゴでコンサルティング会社を立ち上げた。最初の顧客は、友人のエドが勤める銀行だったが、オハイオ、ケンタッキー、インディアナの各地区で半年間、ドリーム・マネジャー・プログラムの試験運用をしたところ、結果は大成功。続いて銀行の上得意客を対象にプログラムを導入し、業績を飛躍的に伸ばした。

サイモンは金のためにやっているのではなかった。このコンセプトが清掃会社の枠を超えて有効かどうかを証明したかったし、彼自身がそれを知りたかったのだ。

それから1年、銀行、ファストフード・チェーン、保険会社、ホテル・チェーンでも実践したが、いずれにおいても強力なチームワークづくりと離職率問題の改善に大きく寄与した。彼が思っていたとおり、どんな業界で働く人にとっても、夢こそが、社員そして会社の原動力であった。

忠誠心は競争力

ある日サンドラは、休憩室で社員3人がこんな話をしているのを耳にした。

「このあいだリージェンシー社から電話があって、うちで仕事しないかって誘われたんだ。給料もいまより多くくれるってさ」

「それでどう返事したんだ?」

「いやね、かみさんに話したら、『そこへ行ったら少しは余分に払ってくれるかもしれないけど、そのあとはどうなのよ? アドミラルはあなたのこともあなたの将来のことも本気で考えてくれてるわ。リージェンシーにドリーム・マネジャーはいるの?』だとさ。彼女のいうとおりだと思ったから、とても魅力的な誘いでうれしいけど、お断りしますっていったよ」

サンドラはミッシェルにいった。「**ドリーム・マネジャーは忠誠心も生む**のね。これって**人手不足に悩む業界ならどこででも、究極の競争力になる**んじゃないかしら」

「費用は?」のまちがい

月日の経過とともに、ドリーム・マネジャー・チームは大所帯になった。プロジェクトが始まって4年目の前半、社員数が625名を数えたところで、アドミラル社は8人目と

9人目のドリーム・マネジャーを雇い入れていた。

ドリーム・マネジャー会議の席で、新メンバーの1人ブライアンがいった。

「この週末、大学時代の友人夫婦と食事に行ったんです。彼はわたしが元いた銀行でいまも働いてるんですが、わたしをじっと見てこう訊いてきました。『それって、どれくらい費用がかかるんだ?』わたしは答えられませんでした。誰か答えられる方はいますか?つまりその、このドリーム・マネジャー・プログラムにどれだけの費用がかかっているか、わかっているんでしょうか?」

サイモンは微笑んだ。

「何がおかしいんです?」ブライアンが尋ねた。

「わたしが最初にこのアイデアを持っていったとき、社長もまったく同じことを訊いた。いまわたしがコンサルティングをしている会社でも、まず最初に訊くのはそれだ。いいかい、その友達には、そもそも質問自体がまちがってるということだ」

「では、正しい質問はなんでしょう?」

「最初わたしは社長に、正しい質問は『これによってどれだけ無駄にせずにすむか』だといった。だが時が経つにつれ、『これによってどれだけ利益が生まれるか』に変わった。そしていまは『もしこのプログラムを実施しない場合は、どれだけコストがかかるか』というふうに考えるべきだと思っている。

かつては高離職率にともなうコストのことなら、いやというほどわかっているつもりだった。コンサルタントは年間の給与総額の25～100パーセントだといっていたが、われわれはそれ以上だと感じていた。だが本当は正確なところはわからなかったんだ。ところがつい先週、ブリス&アソシエーツが行った調査の記事を見つけた。それを読んだところ、コストは社員全体の年間基本給の少なくとも150パーセントにあたるだろうということだった」

ブライアンは目を輝かせてサイモンを見た。

「だから今度その友達に会ったら、質問自体がまちがっていると話すといい。本当をいえば、『ドリーム・マネジャー・プロジェクトは離職率のコストをどれだけ下げるか』でさえ正しい質問とはいいがたい。本来問うべきは、**『投資した金額が3倍にも6倍にも10倍にもなって返ってくるとわかっているときに、会社のことを本気で考えてくれる効率的で団結力とやる気に満ちたチームをつくるのにいくらかける気があるか』**ということなんだ」

にっこり微笑むブライアンを尻目に、サイモンはさらに続けた。「そしてもうひとつ。もしそれ以上の情報がほしければ、きみをコンサルタントに雇うか、きみが応援する社会事業に寄付してもらうといいよ」

　ここに集うメンバーは、こうしたエネルギッシュな会議が大好きだった。

「みんな、聞いてくれ」今度は全員に向かってサイモンがいった。「これから20年のあいだに、この国では労働力や有能な人材をめぐっての闘いが繰り広げられるだろう。『ビジネスウィーク』によれば、今後10年間にあらゆる職種、地域、産業で役員クラスの21パーセント、中間管理職の24パーセントのポストが埋まらなくなるという。単純労働の分野においては、数字はさらに厳しく、人手不足がより深刻な状況になることは誰の目にも明らかだ」

　サイモンは続けた。

「きみたちのなかにも、いつかこの会社では飽き足らなくなって去っていく人がいるだろう。それはそれでかまわない。どうかここにいるあいだに、耳と目を大きく開いてドリーム・マネジャー・プログラムについてできるだけ多くのことを学んでほしい。そしてそのときが来たら、必要とされる場所に行って学んだことを実践してほしい。わが社を単なる清掃会社だと考えるのはまちがいだ。ここは人々の夢の実現を手伝う場であり、清掃業はその機会を与えるための手段にすぎないのだから」

仕事は楽しく

「社員が求めるものはなんだろうか？」

サイモンはドリーム・マネジャー・チームの全員に問いかけた。

「有意義な仕事」1人が答えた。

「ほかには？」

「自分が成長しているという実感」別の1人が答えた。

「ほかには？」

「夢の実現に向かってたしかに前進していると感じられること」3人目がいった。

「では、きみの仕事は何？」

「彼らが夢を明確にできるよう手伝うことです」

「それから？」

「短期、中期、長期の目標を実現するための計画づくりをサポートすることです」

「それがよい計画かどうかはどうしてわかる？」

「よい計画とは、実行しやすく、進歩の度合いをはかることができ、同時に少しがんばらなければ実現できないようなものです」

サイモンはさらに尋ねた。「なぜ計画が大切なんだ?」

誰も答えなかった。古参のドリーム・マネジャーは答えを知っていたが、新人たちに考えさせるために黙っている。

「ドリーム・マニュアルの76ページを開いて」サイモンは少しだけ声を張りあげた。ドリーム・マネジャー・プログラムの手順を概説したものが、ショーンとミッシェルの手でまとめられていた。「そこに、なんと書いてある?」

「計画に失敗する者は、失敗への道を歩む」彼らは声をそろえて答えた。

「われわれはなぜ、こういう仕事をしているのだろうか?」

新人の1人アレックスが冗談を飛ばした。「いい人だから」全員が笑った。

「答えはまちがっているが、発言には感謝するよ」サイモンは重ねて尋ねた。

「われわれはなぜ、こういう仕事をやってるんだと思う?」

答えたのはミッシェルだった。

「**人は人生の多くの時間を働いて過ごすわけですから、仕事は楽しいものであるべき**だし、少なくとも、働いていることで夢に近づいていると自覚できるのはすばらしいことだからです」

テレビ出演

現在に至るまで、アドミラル社の人々はマスコミからのインタビューを断りつづけていた。見よう見まねで同様のプログラムをやろうとしている他社の参考になればと、要領やマニュアルの一部をホームページで公開したことはあったが、それ以外にメディアに露出する必要は感じていなかった。しかしついに、断るにはあまりにもったいない話が舞いこんできた。

その電話をとったのはスチュアートだった。彼は約1年前にドリーム・マネジャーに昇進したサンドラに代わって、サイモンの新しいアシスタントになっていた。

ちょうどそのときサイモンは、誰にも邪魔されない時間を必要としていて、電話を取り次がないよう命じてあった。だからスチュアートが部屋に入ったときも、彼は机に足を載せ、目を閉じていた。

「お邪魔して申し訳ありませんが、この電話は出たいと思われるのではないかと思いまして」スチュアートはいった。

「そうは思わないな」サイモンは目も開けずに答えた。

「フランク・モーガン・ショーのプロデューサー、リンダ・グレイからなんです」

「で？」

「番組に出てもらえないかといっています」

サイモンは相変わらず目を閉じ、足は机に載せたままである。「大変光栄だが、お断りすると伝えてくれ」

スチュアートはじっと彼を見つめていた。

数分後、まだ部屋のなかに彼がいるのを感じとって、サイモンがいった。

「そこに立ってるのは、まだ何かわたしに用があるからかな？」

スチュアートは仕方なく自分の机に戻ると、受話器をとった。電話の主は明らかに、まったくちがった返事がもらえるものと期待していたようだった。

次の日の午後、スチュアートはまたしてもサイモン宛ての電話をとった。今度はフランク・モーガン本人だった。

「今回は出ないわけにはいきませんよ」スチュアートはきっぱりといった。「出ないのは失礼、いえ無礼だといってもいいくらいです」

「もしもし」そこまでいわれたサイモンは、荒々しく受話器をとった。そして改めて出演依頼を断ったが、モーガンは、サイモンが考えだしたアイデアはみんなのためになるし、多くのアメリカ人の刺激になるのだからインタビューを受けるべきだと説得した。

結局、翌週の火曜日、サイモンはフランク・モーガン・ショーに出演した。

フランクがまず尋ねた。「いったいどんなふうにして、ドリーム・マネジャーというアイデアにたどりついたんです?」

「当時わが社は、高離職率という大問題を抱えていました。同業他社はみなその問題になんとか応急処置を施そうとしていましたが、わたしはもっと根本的な解決策が必要だと考えるようになったのです。

当時、社内を見まわすと、社員の顔はどんよりと曇っていました。わたしは自分に問いかけた。彼らを奮いたたせるにはどうしたらいいのだろう、と。わが社は清掃会社です。仕事内容そのものでモチベーションを高めるのは難しい。社員を鼓舞するのに企業がよくやる方法も、もちろんひととおり検討しましたよ。でもどれもその場しのぎの策にすぎませんでした。

わたしは人を本当の意味で鼓舞するとはどういうことなのか、そもそも人はどんなときに奮いたつのかということを真剣に考えるようになりました。その結果発見したのが〝われわれは夢に動かされている〟ということでした」

「というと?」

「われわれは、それぞれの夢に見あった人間なのです」サイモンは答えた。「あなたの夢を聞けば、あなたがどんな人間かがわかります。**夢は、あなたがどんな人間かだけでなく、明日のあなたがどうなりたいと願っているかも教えてくれる**ものです」

インタビューが丸1時間続いたあと、サイモンは全国の視聴者からの電話に応えた。いくつも説得力のある例を引いて、ドリーム・マネジャー・プログラムが会社だけでなく、夫婦や親子、友人同士、あるいは政治や教育の現場など、人生や社会のあらゆる場面で有効であることを説いたのである。

「夢の追求や夢の実現に手を貸すことは、あらゆる人間関係の基本のひとつです。夫と妻であろうと、親と子であろうと、経営者と従業員であろうと、変わりはありません」

番組の最後に、フランクがいった。

「今日観てくださっている企業の経営者や幹部社員の方たちに、何かメッセージがありますか?」

「では、ひとつだけ。今後20年間にアメリカ企業が直面する最大の課題は人事問題、とりわけ人材不足、労働力不足の問題です。これを無視する経営者は、相当なリスクを覚悟しなくてはならないでしょう。

企業のトップなら、サッカーの監督並みに人材を獲得し育成することに誠心誠意取り組むべきです。プロスポーツ・ビジネスの将来は、すべてフィールドで戦う選手たちにかかっています。あなたのビジネスも同じです」

心を通わせる

プロジェクト始動から5年が経った。

いま、社員の98パーセント以上がドリーム・マネジャー・プログラムに参加している。社員の持ち家率は5年で3倍になり、社員が抱える借金は40パーセント減り、この間に2785の夢が実現した。

400パーセントだった離職率はわずか12パーセントにまで減少した。しかもそのうちの7割は社内の就職斡旋プログラムによるものだ。年商は3倍になり、社員数は407名から743名に増えた。そのなかには12名のドリーム・マネジャーも含まれている。プログラムの導入以来、収益は依然として右肩上がりを続けていた。

夢は、
あなたがどんな人間かだけでなく、
明日のあなたが
どうなりたいと願っているかも
教えてくれる。

社員は月に1度ドリーム・マネジャーと会い、自分と家族のためのより豊かな未来を夢見る時間を持った。

いまでは社員の12歳以上の子どもたちも月に1度ドリーム・マネジャーと会い、将来のことや夢について話すようになった。最新のアンケートの結果、来年からは15歳以上の孫たちも月に1度ドリーム・マネジャーと会えることになっている。大きな夢を描くのに、若すぎることはないようだ。

毎年恒例の社員夕食会のスピーチで、グレッグはこういった。

「なぜこんなに多くの人が、わが社で起きていることにこれほど驚くのだろうか。ぼくはいつも自分にこう問いかけている。『人間を人間らしく扱えば、相手もまた人間として応えてくれる』という事実が、どうしてこれほど人を驚かせるのだろうと。夢は人間の中核をなすもの、生きるための情熱の炎が燃える場所なのです」

あなたの夢はなんですか？

その日、出勤したサイモンは、ロビーで足をとめ、1年以上前からそこに掲げられているプレートを読んだ。なんと書いてあるかはわかっているし忙しいこともあって、ふだんは素通りすることが多い。だが、ときどきはこうして立ちどまり、あたかも初めて目にするように注意深く読んでから、いま抱えている仕事に向きあうようにしていた。

プレートにはこう書かれていた。

「あなたの夢はなんですか?」

それは立ちどまって考える価値のある問いであり、わざわざ時間をつくってでも大切な人に尋ねてみるべき問いだった。

企業活動においては、**ビジネスを動かすのも組織を動かすのも人**である。このことは決して忘れてはならない。取引の両側にいるのは人間なのだ。会社が成功するも失敗するも人間次第だ。

そして、人は夢を見る。夢を見る能力こそ、人間を人間たらしめている大きな特徴のひとつである。

社員の夢と会社とは関係がない、と思いたいかもしれない。だが、わざわざ金を払って雇っている社員の原動力が夢であるなら、会社はそれを無視できないはずだ。

労働者の多くは、自分は会社に利用されていると感じている。だがもしあなたが従業員のことを本気で考えていることが伝われば、彼らの見方はまったくちがうものになる。そしてそのプロセスのなかで、今日の企業社会では滅多にお目にかかれないような忠誠心とチームスピリットが生まれてくるだろう。

人の夢を無視するなら、それなりのリスクを覚悟しなくてはならない。子どもの夢、配偶者の夢、社員の夢、顧客の夢、国家の夢……、そうした夢を無視するのはあなたの自由だが、無視したツケは大きな代償となってあなた自身が支払うことになるだろう。

II

実践ガイド

わたしたちは常により多くのものを貪欲に求める文化のなかで生きている。それは情報に関しても例外ではない。

だがどんなに情報を集めたとしても、それだけでは何も変わらない。大切なのは、真実だと思ったことを、人生のさまざまな局面に応用していくことである。

賢さとは、単に情報を集めることではない。「真実を生かす」ことだ。

ここからは、ドリーム・マネジャーのコンセプトをあなたの職場や私生活に応用するための実践ガイドである。

真実その1

わたしの人生にはたくさんのドリーム・マネジャーがいた。両親、学校の先生、先輩、コーチ、社長、同僚、友人、そしてときには見ず知らずの他人までもが、程度の差こそあれ、その役を果たしてくれた。彼らはそれぞれに、わたしの歩みを助け、夢に向かって地図のない旅に出るようわたしの背中を押してくれた。

だがいまふりかえると、1人だけ突出した人物がいたことがわかる。長期にわたってわたしを意図的に導いてくれたドリーム・マネジャー、兄のサイモンである。サイモンはファイナンシャル・プランナーだが、実際にはもっとずっと幅広い仕事をしている。わたしには7人の兄弟がいるが、サイモンは13歳年上の兄だ。10代になったばかりのころ、サイモンはよくわたしをサッカーや映画や食事に連れていってくれた。兄はわたしという人間やわたしの将来の夢に関心を持ってくれていた。

初めて夢の実現に向けて具体的なプランを立てたのも、そうした外出のときだったと記憶している。兄は、夢をかなえるには多くの場合金銭が必要になること、そして貯金と投資が生みだす相乗効果について教えてくれた。

12歳で、初めて近所の薬局でお年寄りに薬を配達するアルバイトを始めると、サイモンと父はすぐに、貯金の習慣がいかに大切かをわたしに説いた。と同時にサイモンは、追いかける価値のある夢のなかにはお金のまったくかからないものもたくさんあることを教えてくれた。おかげでわたしは、人生には形にならないちょっとしたことにも尊い価値のあることを学んだ。

10年後、わたしのなかでドリーム・マネジャーのコンセプトが形になりはじめたとき、これが単にいままで見てきたことだけでなく、昔自分が経験したことを進化させたものであることに気がついた。

あなたもふりかえってみれば、じつにさまざまな人たち——両親や祖父母、先輩、友人、コーチ、社長、同僚、上司、先生、牧師など――が大なり小なりドリーム・マネジャーの役割を果たしてくれたことに思いあたるだろう。それは毎月定期的に会って特定の夢について注意深く検証し計画を立てるというよりも、もっと自然でざっくばらんなものだったにちがいない。そうであってもなお、あなたという人間やあなたの夢に関心を示してくれた人たちは、まちがいなくあなたの人生に大きな影響を与えたはずである。

人生は夢に向かって励ましたり課題を与えたりしてくれる人を、自然と与えてくれるものだ。「自分の夢くらい自分でなんとかできるさ！」と多くの人が主張する。ある程度はそうかもしれないが、実現までにはたゆまぬ努力が必要なことを常に思いださせてくれるような誰かを、わたしたちは必要としている。

計画を立てることは1人でもできる。大変なのは、最後までやりぬく意志を持ちつづけることだ。わたしたちは、あらゆる言い訳や自己正当化を駆使して自分を欺く能力に驚くほど長けているからである。

「わたしたちはみなドリーム・マネジャーを必要としている」これが真実その1である。

真実その2

わたしたちは人生のいろんな場面で、夢に向かうための励ましや課題を必要としている人に出会う。私生活でも職場でも、夢を具体的な計画にして追い求めるよう促してくれる人がいないばかりに、せっかくの夢を眠らせてしまっている人にたびたび遭遇する。「わたしたちはみな、自然でざっくばらんなドリーム・マネジャーの役割を果たすことを求められている」これが真実その2である。

あなたが多国籍企業の社長でも、小さな部署の部長でも、新入社員でも、日々さまざまな場面でドリーム・マネジャーになることを求められていることに変わりはない。あとはどこから始めるかという問題だけである。

さっそく始めよう！　最初のステップは？

夢とは人生を形づくるためのビジョンである。あなたは自分の夢がなんであるかを自覚しているだろうか。夢を見ることをやめてしまってはいないだろうか。私生活でも仕事でも、毎日を生きることに汲々《きゅうきゅう》とするあまり、わたしたちは往々にして夢を忘れてしまいがちだ。だがそうして夢を忘れたときから、仕事も人間関係も、そして人生そのものも、だんだんどうでもよくなりはじめる。

たとえばあなたが管理職なら、この本を読んですぐに部下の夢について考えはじめるかもしれない。だがそれでは、非常に重要なステップを踏まないことになってしまう。

わたしは10年以上前から、「ドリーム・ブック」というものを常備している。このアイデアをどこから思いついたかは定かでないが、90年代のはじめごろ、シドニーの本屋でざらざらした紙の分厚い日記帳を見つけたことはよく覚えている。わたしはそれを買い求めた。それまで日記をつけたこともないのに、どうして買ったのか自分でも不思議だった。その数日後、ロンドンに行って以来、このただの日記帳はいまわたしがドリーム・ブックと呼ぶものになった。

以来、わたしはそこに夢を書きつづけている。ページのほとんどは、たったひとつの言葉、ひとつのフレーズ、1枚の写真があるだけだ。そこには、わたしが訪れたい場所や、仕事や私生活で成し遂げたい目標、自分の性格のなかで伸ばしていきたい長所、勇気づけられた言葉、おみくじの言葉、雑誌で見つけたいつか手に入れたいものの写真、わたしが関わっているさまざまな組織に関する夢や希望、やってみたい冒険、遺したい遺産など、さまざまな夢が詰めこまれている。

わたしはどこへ行くにもこれを携えている。ときには機内で取りだして、ゆっくりとページをめくりながら夢についてあれこれ考えることもある。夜寝る前に、何ページか読んでみることもある。だがたいていは、運動に汗を流しながらドリーム・ブックと会話することが多い。ランニングマシンやトレーニングマシンに乗る合い間にページをめくっては、1つひとつの夢について考えてみるのだ。

なかにはとっくの昔に現実となった夢もある。初めてそれを書いたときにどれほど途方もない夢に思えたかを考えると気分がよくなる。一方で、まだまだ遠い夢にすぎないものもある。最初にドリーム・ブックに書きこむときには、ほとんどの夢がそう感じられるものだ。

いずれにしても、すでに成し遂げた夢が、まだかなっていない夢を追いかける勇気をくれる。1つひとつの夢に目をとめながらゆっくりとページをめくっては、たとえばこの夢がかなったときにはどんな気持ちがするだろうと想像してみる。たったこれだけのことが、その夢の実現の力強い第一歩になるのだ。

①ドリーム・ブックを用意する
②夢を書きはじめる
③夢に制限を設けない
④ドリーム・ブックに書きこむときには日付を入れる

⑤夢が実現したら、その日付も書き加える

やがてふりかえってみたとき、最初書いたときにはとても不可能だと思えた夢が、ついにかなうときにはあっけないほど軽々と実現できたことに驚くだろう。そしてそのあいだに、あなた自身がいかに成長できたかも――。

わたしが10年以上前にドリーム・ブックに記した最初の夢のひとつは、全長800キロにもおよぶサンティアゴ巡礼路を歩くことだった。南フランスのサン・ジャン・ピエ・ド・ポーから南下してピレネー山脈を越えたら一路西へ、北スペインのサンティアゴを目指す旅である。1000年以上前から人々が歩いてきた道であり、初めてその話を聞いたときから、いつか自分も歩いてみたいと憧れていたのだ。

あのときわたしは、その夢をドリーム・ブックに書いた。だが書きながらも、実際に行くことはないだろうと思っていたのを覚えている。心のなかは疑問符でいっぱいだった。ひと月の休みなんて、いったいいつ取れるんだ？　ひと月休む人間なんてどこにいる？　それに、いないあいだの仕事は誰が面倒を見てくれるんだ？　現実問題として、ありえない。それに危険を伴うかもしれない。わたしがひと月も休むといったら、なんのためにと訊かれるだろう。「歩くため」と答えたら、きっと頭がおかしくなったと思われるのがお

ちだ。

わたしは躊躇《ちゅうちょ》した。一瞬、ドリーム・ブックに書くのはよそうかと思った。が、結局自分に強いるようにして書いたのだ。あれはもう11年も前のことだ。

毎日ドリーム・ブックをめくるうち、やがてサンティアゴ巡礼路を歩くという夢は、ほかのたくさんの夢とともに「不可能」から「もしかしたらいつか」へ、そして「来年にはきっと」に変わっていった。

そして昨夏、ついにわたしはひと月の休暇をとった！　バックパックを背負い、地図と水筒と寝袋を持って南フランスに飛び、歩きはじめたのだ。1日に30キロ、日によっては40キロ歩いた。山間を、ブドウ畑を、トウモロコシ畑を、麦畑を抜けて、埃っぽい単調な道をどこまでも歩いた。日に10時間、12時間、ときには14時間ひたすら歩いた。歩きつづけた。携帯電話もEメールも、iPodもコンピュータもテレビも、一切がなかった。

昔ながらの道をサンティアゴまで歩き切ったことは、人生を一変させるような経験だった。旅の初日、わたしは沈黙と孤独とを道連れに、50キロをただ黙々と歩いた。1日の終わりには、頭はいきいきと冴えわたり、アイデアが次々とあふれでて、たとえいまここで旅を終えたとしても、昨日までの自分とは何かがちがうと感じたことを覚えている。3週間後、ついにサンティアゴにたどりつくころには、なぜもっと早くこの旅に出なかったのだろうと思っていた。

あなたの夢はなんだろうか？

800キロの徒歩の旅は、あなたには胸躍る冒険ではないかもしれない。当然である。あなたにはあなたの夢があり、冒険がある。

あなたにはぜひ今日のうちに、日常の気がかりをいったん脇へ置いて、夢を紙に書きだしていただきたい。100の夢をリストにしてほしい。今日は絶対に無理というのであれば、せめて少しだけでも時間を割いて、明日か明後日のうちに時間がつくれないか考えてほしい。そしていつまでも先延ばしにしているようなら、その理由を自分に問うてみることだ。

夢リストは完全なものでなくてよい。ざらざらした紙の分厚いドリーム・ブックも必要ない。とにかく書きはじめることだ。その際は、自分で自分を制限してはいけない。どんなことでも可能だという前提で、自由に書いてほしい。

これのどこが人を管理することと関係があるのかと思われるかもしれない。活力ある組織づくりや経営とどう関係するのかと。だが最後にはきっと、あなたも驚くような結果が待っているだろう。

夢リストにあらゆる夢を網羅できるよう、とりあえず12のカテゴリーをあげておく。

①肉体　②感動　③知性　④精神世界　⑤心理　⑥物質　⑦仕事　⑧経済　⑨創造性　⑩冒険　⑪後世に遺すもの　⑫性格

参考までに、わたしの会社でやっている合宿研修で社員たちが語ってくれた夢を次ページに示そう。

夢によっては、ひとつのカテゴリーに収まらないこともある。たとえばカードローンを完済することは、「経済」と「心理」と「感動」という複数の領域にまたがっている。年収25万ドルを稼ぐことはおのずと、「仕事」と「経済」の両方に関わってくる。マイホームを手に入れるには経済的要件が不可欠だが、それは必然的に「感動」という要素を含んでいる。また子どもと時間を過ごすことは明らかに「感動」のカテゴリーだが、「後世に遺すもの」にも大きく関連してくるだろう。

ここにあげた例は、あなたの想像力を刺激するためのちょっとしたヒントである。このなかからいくつか選んで自分のリストに加えても、もちろんかまわない。とにかく100の夢をリストアップすることだ。そして、できれば一気に書く。

美しすぎる夢も、無謀な夢もない。夢に限界はない。可能かどうかを案じることなく、

⑦仕事

◎昇進する
◎業界でナンバーワンになる
◎活力あるチームをつくる
◎新しい商品を開発する
◎売上高1億ドルを達成する

⑧経済

◎カードローンを完済する
◎子どものための学費を積み立てる
◎年収25万ドルを達成する
◎所有株式の時価総額を100万ドルにする

⑨創造性

◎本を書く
◎ギターが弾けるようになる
◎絵を習う
◎写真を勉強する

⑩冒険

◎万里の長城へ行く
◎オーストラリアへ旅行する
◎U2のコンサートへ行く
◎アパラチアン・トレイルを歩く
◎パリのピカソ美術館を訪れる
◎スカイダイビングに挑戦する
◎4000メートル級の山に登る

⑪後世に遺すもの

◎健全な自我を持つ子に育てる
◎賛同する慈善事業でボランティアをする
◎賛同する慈善事業に寄付する
◎環境保護のための活動に参加する

⑫性格

◎忍耐強くなる
◎いったことは実行する
◎信頼される人間になる

12種類の夢の例

①肉体

◎健康を実感でき、健康に見えるようになる
◎マラソンを走る
◎禁煙する
◎ダイエットする
◎酒量を減らす

②感動

◎妻や子どもたちが夢を見つけ、夢を追えるよう手を貸す
◎マイホームを手に入れる
◎よりよい人間関係をつくる
◎妻をイタリアに連れていく
◎人の話にもっとよく耳を傾ける

③知性

◎もう一度学校へ行く
◎外国語を学ぶ
◎もっと本を読む

④精神世界

◎おだやかな心を育てる
◎不確かさを楽しむことを覚える
◎聖書を深く学ぶ

⑤心理

◎強い意志を持つ
◎飛行機嫌いを克服する
◎自分ではどうしてもやめられないことと向きあう

⑥物質

◎新しい車を買う
◎憧れの時計を買う
◎海の近くに家を買う

ただ思うままに書いてほしい。

次の日からは、毎日10～15分ほど時間をとって、このドリーム・リストに目を通す。ほかに夢が思い浮かんだら、それもリストに加える。この夢は自分らしくなかったとか、自分にとってさほど重要でなかったと感じるものがあれば削除してもいいし、残しておいてあとでもう一度見直してもいい。

1週間経ったところで、リストの中身を3つ、すなわち短期（1年未満）、中期（1年以上5年未満）、長期（5年以上）に分類する。

そして、ドリーム・ブックを用意する。リストにあげた100の夢をそのまま書いてもいいし、全部書くのは気が進まないかもしれない。正しいやり方もまちがったやり方もない。大切なのは夢を書きだし、折に触れそれについて考えることで、忙しい日常のなかでも見失わないようにすることである。

将来的には、1冊のドリーム・ブックでは足りないと思うときが来るかもしれない。わたし自身は、プライベート用のドリーム・ブックに加え、経営しているコンサルティング会社のための2冊目と、非営利団体のための3冊目を持っている。

あなたにもぜひ、ドリーム・ブックを手にしていただきたい。

チームワークが高まる理由

チームワークを高める演習にはたくさんのやり方があるが、多くは不自然さが否めず、実際やるには少々気が進まないと感じる人も多いのではないだろうか。この場合に大切なのは、1人ひとりの個性を尊重しながら全体をひとつにまとめることだ。だが往々にして、全体の目的と個性の発揮とは相容れないものである。

全体の目標として企業が達成すべき数値を掲げるのは簡単だし、実際そうしたターゲットのもとに頻繁に会議は行われる。だがこのような定量的アプローチは、何が組織を動かすかについては教えても、その組織を動かす人間が何に動かされているかについては何も語らない。

わたしは毎年11月、午後から全スタッフを集めてくつろいだ雰囲気のミーティングを開いている。これがわが社のドリーム・セッションである。

スタッフ12人は全員、100個の夢を書いたリストを持参することになっている。そしてみんなで会議室のテーブルを囲み、午後いっぱいを使って、順番がまわってくるたびにひとつずつ自分の夢を発表する。ほかのメンバーから意見や感想、励ましなどが寄せられるうちに、自然と夢の実現に向けての戦略が形成されていくというわけだ。

このとき、それぞれの夢の実現までに要する時間的目安（1年以内か、5年以内か、それ以上か）も明らかにするようにしている。そしてこの1年間の進捗状況を報告する。試行錯誤してきたこと、かなえた夢、かなえられなかった夢を全員で共有するのだ。

新しいメンバーからはよく、こんなふうに真剣に夢と向きあい、紙に書きだしたのは初めての経験だったという言葉が聞かれる。ほかのメンバーが語る夢を聞いて、メモをとったり、自分の夢リストに書き加えている姿を目にすることも多い。

夢への情熱は伝染する。そしてこの情熱こそまさに、仕事に際してチームが必要としている情熱にほかならない。個人の夢に向かう情熱がかきたてられたとき、それはやがてあふれだして組織の夢へと注がれるのだ。

人の夢はさまざまだ。スタッフが語る夢のなかには、すでに近い将来実現することがほぼ確実だと思えるような比較的簡単なものもある。それらはたいした計画も準備もなしに達成できることが多い。そうかと思えばもっと複雑で込みいった夢もある。その実現には有効な計画と不断の注意が不可欠になってくる。

毎年こうして耳を傾けていても、わたしはいまだに彼らの夢に驚かされる。もう何年もいっしょに働いているのに……、というようなことも少なくない。

だがわたしがもっとも驚かされるのはドリーム・セッション中ではなく、その後の数週間ないし数カ月のあいだに日常のなかで起きてくることだ。社員たちが夢について語りあったり、あの夢はどうなったのかと進展具合を尋ねたり、たがいに励ましあったりしているのが漏れ聞こえてくるようになる。おたがいが夢に向かって歩んでいけるよう助けあいが始まるわけで、この互助精神は当然のことながら仕事のチームワーク強化へとつながっていく。

私自身も気がつくと、彼らの夢について考えていることがある。みんなで会議しているときや、ともにプロジェクトに取り組んでいるとき、「彼の夢のためにわたしにできることはなんだろう」とか、「今年は彼女のどの夢を手伝おうか」と、ふと考えている自分がいる。

こうした感情が決してわたし1人のものでないところが、このプロセスのすばらしいところだ。それはむしろ人間として自然な心の動きといえるだろう。身近な人の夢を知ったとき、わたしたちはなんとかその人が夢をかなえられるよう協力したいと思うものだ。他人の夢に手を貸すことには、何かしら大きな満足感を伴う。

この拍子抜けするほどシンプルで、ビジネスとはまったく無縁に見えるプロセスが、マネジャーとしてのわたしに、スタッフとしての彼らに、そしてひとつのチームとしてのわたしたち全員に変化をもたらす。特別な親近感が形成され、そこから非常に活力あるチーム・スピリットが生みだされるのである。

毎年1月には、スタッフ・ミーティングを招集し、夢リストを見ながら進捗状況をふりかえることにしている。わたしはそこで、彼らの夢のなかで今年実現に手を貸したいものをひとつ選ぶ。簡単にかないそうな夢のときもあれば、入念な計画を要するときもある。

ベサニー・ホーキンスは、イベント・コーディネーターをやっているスタッフのひとりだ。毎年全米100カ所以上で行われるわたしの講演会の運営を担当し、すばらしい仕事ぶりを発揮している。献身的で、努力と情熱の人であり、常によりよい仕事を目指すことを怠らない。わたしたちの講演旅行は長く、そのあいだは困難とプレッシャーから解放されることがない。したがって社に戻っているときは、わたしもスタッフも、努めて英気を養う必要がある。

昨年のドリーム・セッションでベサニーは、学校で子どもたちに本を読み聞かせるボランティアがやりたいと語った。それからひと月も経たないうちに、わたしたちは彼女が毎週木曜日の午前中の2時間、会社を抜けてオフィスからそう遠くない学校でボランティアができるよう段どりを整えた。彼女はその夢をリストからはずし、残りは99になった。毎週彼女は夢のために2時間会社を留守にするが、このことで仕事全体の質が向上していることはいうまでもない。

わたしは自分の夢を懸命に追いかける人でチームを構成したいのだ。自分の人生に情熱を持てない人間に、仕事に情熱を燃やすことをどうして期待できるだろうか。

もうひとつ、サラ・マクルーアの例をあげよう。庶務の責任者であるサラは25歳、非常に有能で、何ごとにも驚くほど前向きな女性である。

前回のドリーム・セッションでわたしの目に飛びこんできたのが、彼女のリストにあった「ひと月のヨーロッパ旅行」だった。わたし自身が前の年にまさに同じ夢をはたしたばかりだったので、彼女の夢もぜひ実現させたいと思ったのだ。

わたしは残りのスタッフを集めて、できるだけ早くサラが夢をかなえられるよう各人でアイデアを出しあおうと提案した。1週間後、彼らはそれぞれにプランを考えてわたしのところへやってきた。

サラのいちばん身近にいるスタッフによれば、彼女は旅行のために日ごろから貯金をしていて、経済的には問題ないとのことだった。

わが社の出張のアレンジを担当しているブリジットは、つきあいのある旅行業者に頼めば安いチケットが入手るはずだといった。

サラは長期休暇をとるに値する人間であり、彼女の留守を守る自分たちは快く送りだしてやりたいといったのはベスだった。

さらにウォルターからは、例年もっとも仕事が暇になる7月がいいのではないかという提案があった。

「すばらしい！」わたしはいった。「それで、彼女の留守中の仕事は誰がカバーすることになるのかな？」

彼らが取りだしたのは、サラの仕事を箇条書きした紙だった。そこには、彼女がいないあいだの仕事を引き受けようという人たちの名前が列記されていた。

かくして最初のドリーム・セッションから1年足らず、入社してわずか1年余りで、彼女はひと月のヨーロッパ旅行に出かけ、すばらしい時を過ごしたのである。そうさせてくれた同僚たちのことを彼女はどう思っただろうか。会社に対してどんな感情をいだくようになっただろうか。

こんなふうにして具体化され、計画され、実現した夢の話を、わたしはいくらでも語ることができる。新しい時計や新しい車がほしかった人もいれば、初めてのマイホームを手に入れた人もいる。配偶者や子どもともっといい関係を築きたいと、いまも願いつづけている人もいる。

いずれにしても、具体的な夢を定め、その夢を同僚に手伝ってもらうことが、彼らの私生活にも仕事にも活力を与えている。そしてその過程のなかで、彼らは積極的に助けあって成長するひとつのチームへと変身していくのである。なぜか？　理由は簡単だ。

まず第一に、身近な人の夢を知ったとき、わたしたちはその夢がかなうよう手を貸したいと思うものだからだ。夢に協力するということは、その人に個人的に深く関与するということであり、これはチームワークの基本である。

第二に、夢を追いかけることほど人に活力を与えるものはないからである。活力から生まれる情熱とエネルギーは、生活のひとつの領域にとどめておけるものではない。家や職場で生じたポジティブな感情は、家にも職場にも自在に入りこんでいく。人間が自分の夢を追いかけているときのポジティブなエネルギーは、やがて仕事の世界へもあふれだすようになるのだ。

そして第三は、他人の夢の実現に一役買えたときの満足感は、自分の夢がかなったときのよろこびに似ているからだ。人は自分の夢に手を貸してくれた人に深く感謝するものだが、メンバー間のこの感謝の気持ちは、相手のためにさらに力になりたいという感情を生む。

組織は、それを構成する人の習慣が変わって初めて変わる。すなわち、自分の夢を追いかけ実現するよう社員を習慣づければ、会社が設定するゴールや夢をも、彼らはより効率的に追うようになるということだ。夢を実現することが、彼らの習慣になるのである。

わたしはこれまで、大企業から家族経営の小さな会社、スポーツ・チーム、非営利団体、事業者団体、大学などさまざまな場所でドリーム・セッションを実施してきたが、大きな成果を得られなかったところはひとつもなかった。このことだけは自信をもっていえる。

広い応用範囲

ドリーム・マネジャー・プログラムを最初に広めはじめたころ、ある人は「こんなことが有効なのは底辺の労働者だけだろう」といい、ある人は「会社のなかのもっとも優秀な人々にはいいかもしれないが……」といい、ある人は「こういう従業員を豊かにすることを目的とするようなプログラムを企業社会が受け入れるわけがない」といった。

よろこばしいことに、こうした否定論はすべて誤りだった。

人あるところ、ドリーム・マネジャーのコンセプトは必ず効力を発揮する。なぜなら人は夢を見るからであり、夢の追求ほど人やチームを活気づけるものはないからである。

どんな小さな夢でも、一見たいしたことがないような夢でも、人はそれを追い求めることによって、ゴールを設定し、努力し、達成する一連のスキルを身につけていく。このようなスキルは、会社という環境のなかでは一生かかっても習得できないことがほとんどだ。さらに重要なのは、一度夢をかなえた人は、もっと多くの夢をかなえたいという強い願望をいだくようになることである。

夢を追うよう仕向け、目標設定や戦略的な計画づくりのスキルを身につけさせれば、彼らはよろこんでそのスキルを仕事に持ちこんでくれるだろう。というよりも、持ちこまずにはいられなくなる。夢を達成したいという願望は飽くことを知らず、向上心は日常生活の指針となり、これらすべては必然的に仕事へも注がれて、結果としてチームもビジネスもレベルアップするのである。

「夢によるマネジメント」というコンセプトは、どんな組織にも応用がきくし、さらには私生活にも応用できるという無限の可能性を持っている。これからお話しするのは、ドリーム・マネジャーのコンセプトが持っている汎用性を示すほんの一例である。

【ファイナンシャル・プランナーに】

このコンセプトを実践するのに、ファイナンシャル・プランナーほど適した職業はない。

あなたは顧客の夢を知ることで、彼らの人生観や金銭に対する価値観を知る貴重なチャンスを与えられる。そのうえで彼らの夢を実現するためのもっとも効果的な資金運用を提案していけばいいのである。夢を知っていればこそ、いまはもっと貯金して慎重に投資すべきだというようなことを、たとえそれがいま顧客の聞きたい言葉ではない場合にでも説くことができる。

実際問題、ほとんどの夢には金銭的な要素がからんでいる。新しい車を買うにせよ、早期退職するにせよ、やりたいことにもっと時間を割くにせよ、夢をかなえたいなら資金計画が必要だ。それに、多くの人は夢の実現を阻んでいる唯一の問題はお金だと考えている。夢実現のための計画づくりを手伝うのに、ファイナンシャル・プランナーほどふさわしい人間はいないということだ。

もしもあなた自身がファイナンシャル・プランナーなら、ぜひ顧客に夢リストをつくってもらおう。そうすれば、顧客のことをもっと知ることができるし、あなたが彼らの将来設計を手伝いたいと思っていることを示すことにもなる。彼らの夢について語りあえるようになれば、普通なら何年もかかるような親密な関係を、たちまちにして手に入れることができるだろう。

顧客の夢リストがまとまったら、そのなかから人生の目標となるような夢を選び、実現のための計画を立てよう。退職後のライフスタイルに関するものなどはうってつけだが、もっと小さい夢や短期の夢にも計画が必要なものはある。どんな夢かにかかわらず、実現に向けてのはっきりとしたビジョンがあれば、顧客にお金を管理する習慣を学んでもらうことがずっと容易になるのはまちがいない。

人が貯金するいちばんの理由は「夢のため」である。オーストラリアの戦略投資家ピーター・ソーンヒルはその著書『Motivated Money（意志を持つマネー）』のなかで、「やりたい夢を持たないただの金儲けは意味がないし、醜悪である」と述べている。

今日、多くのアメリカ人は年収以上の支出をし、一路借金生活へと邁進している。おおざっぱにいって、100ドルの稼ぎのうち、貯蓄にまわるのは1ドル以下である。なぜこれほどまでに少ないのか？　わたしは、人々が夢を意識していないせいだと考えている。

夢が具体的に見えていないと、人は貯金しようという意欲を見失ってしまうのだ。

ドリーム・マネジャーのコンセプトには、金融ビジネスを革命的に変える力が秘められている。

【教育の場で】

教師、コーチ、学校カウンセラー、そしていうまでもなく親もまた、いろいろな意味でドリーム・マネジャーである。子どもたちの人生におけるこうした人々の役割は、子どもたちが自分の能力を発見し、夢や希望を明確にして、その夢を社会や人格形成に役立つ形で追うことができるよう手助けすることである。

わたしたちはその子が本当は何に向いているかゆっくり考える暇もなく、ひどくあわただしく職業を選ばせようとしがちである。子どもの心に本当の自意識を育てる代わりに、世の中のあらゆる現実をぶちまけることで、むしろ混乱させたがっているようにさえ見える。その結果生じる満たされない心によって、仕事にも人生にも本気になれない人間ができあがっていくのである。

たとえばあなたがもっと若かったとき、誰かがあなたとじっくりと向きあい、先にあげた12のカテゴリー（肉体、感動、知性、精神世界、心理、物質、仕事、経済、創造性、冒険、後世に遺すもの、性格）についてあなた自身の想いを明確にできるよう手を差しのべてくれていたとしたら、あなたの人生はどうなっていただろう。それぞれのカテゴリーにおける長所や短所、関心や情熱の対象、あなたにエネルギーをくれる人や場所やものについて、いっしょに考えてくれる人がいたとしたら……。どうか想像していただきたい。

もしもあなたの高校や大学に、ドリーム・マネジャーがいたとしたら、人生はどう変わっただろう？

すべての若者に、ドリーム・マネジャーは必要なのである。

【ファストフード業界でも】

意欲のない労働力を抱えていることでは、ファストフード業界の右に出るものはないかもしれない。この業界では、離職率問題がその店舗の成功の鍵を握っているといっても過言ではない。

では、はたしてファストフード・チェーンの従業員に、ドリーム・マネジャーは有効か？　彼らをやる気にさせることは可能なのか？

かつてわたしの弟のバーナードは高校の成績がふるわず、卒業試験の1週間前になって、「学校を出たあとどうしたらいいと思う？」と相談してきたことがあった。

そのときわたしは、マクドナルドで働いてはどうかと勧めてみた。同社のマネジメント・プログラムを体験したことのある人を何人か知っていて、その内容に感銘を受けたからだった。それに弟は学校の成績こそよくなかったが、勘どころがよく、誰とでもうまくやれる才能に恵まれ、ある特定の事柄に関しては抜群の記憶力を発揮することを知っていた。これらのことを考えあわせ、接客業で、なおかつシステム化された仕事が向いているのではないかと思ったのだ。

予想は的中した。バーナードは史上最速のスピードでマネジメント・プログラムを終了し、オーストラリアで最年少の店長になった。年間50万ドルの赤字を出していた店を任されて、1年足らずで20万ドルの黒字店に変身させ、さらにはシドニー最大の店舗の最年少の店長にもなって、24歳になったときには証券会社に10万ドルの資産を蓄えていた。

現在の彼の仕事は、シドニー市内にある多数の店舗を指導することだ。

いまは27歳になったが、マクドナルドに対してこれほど情熱的な人間をわたしはほかに知らない。彼は会社の歴史を知りつくし、ビジネス・モデルを完璧に理解している。自分にも部下にも要求水準が高く、滅多なことでは失望することも失望させることもない。

バーナードと、世界中のファストフード店で安い給料で働く従業員を鼓舞できずにいる無数の男女とはどこがちがうのだろうか。それは「部下の1人ひとりに対する関心の度合い」である。

バーナードは、1日かけてじっくり話しこむような時間はなくても、こまめに時間を見つけては部下の話を聞き、とりわけ彼らがどんな夢を持っているかを知ろうとする。従業員が永遠にそこで働いてくれるなどと考えてはいないので、彼らがこれからの人生をどうしていきたいのかに耳を傾けるのである。書物のなかから役に立ちそうなページをコピーして渡したりもする。

ときに励まし、ときに叱咤するバーナードに従業員が素直に応えてくれるのは、バーナードの誠実さが伝わるからであり、多くの従業員がこれまで誰かにそういう関心を示されたことがないからである。

会社は、業績不振をなんとかしたいと考える店に彼を送りこむ。彼にはそれができるとわかっているからだ。バーナードは必ず目標と計画を持って店に乗りこむ。そしてその目標を店長から床掃除をしているスタッフにいたるまで全員に伝え、周知徹底させながら、共通の目的のもとにチームをひとつにまとめていく。

「どんな仕事であれ、一生懸命やれば、自分にも人生にももっと満足できるようになる」ある日わたしは、彼が部下の1人にそういっているのを耳にした。それは彼が呪文のようにくりかえすフレーズのひとつである。

わたしはマクドナルドで働く人を揶揄《やゆ》する言葉を聞くたびに、心のなかで微笑まずにはいられない。これまで世界中を旅してたくさんの人に出会ってきたが、バーナードほど仕事への情熱や、懸命に働いてうまくいったときの満足感を味わっている人間はそう多くないことを知っているからだ。

彼のやり方は、協力しあうチームと、活気に満ちた環境と、驚くべき結果を生みだしている。そしてそれが離職率を最小化する。

ファストフード業界において、人が頻繁に入れ替わること以上にやっかいなのは、やる気のない従業員が居座ることだ。これほどの金食い虫はない。しかし、もし彼らにハンバーガーをひっくりかえすことで夢が実現すると確信させることができれば、この業界では長いあいだ不可能だと信じられてきたのが嘘のように、彼らのやる気を引きだすことができるにちがいない。

ファイナンシャル・プランナー、教育、ファストフード業界——これらはドリーム・マネジャーというコンセプトから大きな利益を得ることのできる職業のほんの一例にすぎない。ドリーム・マネジャーの可能性は無限だ。業界を問わず、応用方法は無数にある。

会社が始めないなら、あなたが始めればいい

この本を読みながらあなたは、「たしかにドリーム・マネジャーはすばらしいが、うちの会社はとてもそんなことはしてくれない」と思ったかもしれない。あるいは心のなかで、こうつぶやいたかもしれない。「そりゃあうちの会社でもドリーム・マネジャーを雇ってくれればいいが、わたしにそんな権限はないし。ただの平社員なんだから」

もしもあなたの会社にドリーム・マネジャー・プログラムが存在せず、これから導入する可能性もないとしたら、あなたが始めればいいのである。

何人か（8人以下が望ましい）仲間を募り、週に1度、仕事が終わったあとか昼休みに集まって、夢について語りあう。ドリーム・ブックを用意し、それぞれの夢についてタイム・スケジュールを決める。もしそのほうがよければ、ドリーム・マネジャー・プログラムにしたがって進めてもいい。たがいに励ましあい、たがいに夢の追求を約束しあう。必要とあらば、金融、法律、フィットネス、ダイエットなどの専門知識を求める。

やがて、ほかにも参加したいという人が出てくるにちがいない。そのときはいまのグループを4人ずつに分け、それぞれ4人まで新メンバーを受け入れる。ちがった夢を持つ人が加わることによって、自分の夢を新たな視点から見られるようになり、夢を追う情熱を新たにできるだろう。

この簡単なプロセスが、あなたや同僚の人生をいかに変えることか。きっと驚かされるだろう。権限は必要ない。必要なのは夢を持つ数人の仲間だけである。さっそく始めてほしい。

これからの時代の「忠誠心」とは？

「企業社会における忠誠心は絶滅した」と多くの人はいう。わたしも同感だ。長く働けば年金が保証されるというシステムを土台にした古いタイプの忠誠心はすでに失われた。それでよかったのだと思う。会社にとっても社員にとっても決してよいシステムではなかったからだ。しかし、新しい、もっと進化した形の忠誠心は育む必要があるのではないだろうか。

新時代の忠誠心は、「たがいの価値を高めあう」ことで築かれる。社員は会社の価値を高めることに責任を持ち、会社は社員の価値を高めることに責任を負うのである。いってみれば、すべての経営者と社員とのあいだで交わされる暗黙の契約である。

ビジネスにおいて価値を高めるというとき、そこにはどうしても数字がからんでくる。採用面接で有望な候補者は自信たっぷりに「わたしを雇っていただければ、給料の3倍、5倍、いや7倍の利益を上げてみせます」などといったりするが、これも社員が会社の価値を高めるために負うべき責任のひとつである。社員が企業の価値を高めるとは、要するに自分で会社に利益をもたらすか、利益をもたらす誰かをサポートすることを意味する。

数カ月前、わたしが講演を終えて会場の外に出たところで、そこの会社の社長が近寄ってきてこういった。「新しい価値観を教えていただいてありがとうございました。うちの社員ならきっと、これをさらに大きく花開かせることができると思います」

講演を終えて「いい話」だったといわれることは多いが、彼からいわれたひとことで、わたしが企業に招かれて話をするのは、ただ単に彼らを元気づけたり楽しませたりするためではないということに気づかされた。もちろんそうすることは意識的に心がけているが、同時にわたしは彼らの価値を高めること、すなわち会社も社員も豊かになる手伝いをしているのだ。だからこそ企業はわたしに講演を依頼するわけで、そうでなければふたたび呼ばれることはないだろう。

新しいタイプの忠誠心を実現するためには、双方が相手に求めるものを変えなければならない。会社は、自社の価値を高めず、自社の理想実現に寄与しない社員を雇っておくことはできない。それは経済の原則からいっても当然である。と同時に、社員をその理想から遠ざけるような要求ばかりする会社では、社員の忠誠心は望むべくもない。

新しい忠誠心の土台となるのは、社員と会社がたがいに「自身の理想を実現する」という目標を理解しあうことである。

何をばかばかしい、もっと現実的な話をしてくれと思う人がいるかもしれない。だが

「フォーチュン」にランキングされている働きたい企業のリストをよく見てほしい。もちろんそれらの企業はより大きな収益を求めて奮闘し、成功しているが、働きたい企業として選ばれている基準に目を通せば、直接的にしろ間接的にしろ、社員がよりよい自分になれるよう促しているかどうかが問われているのがわかるだろう。そこに選ばれている企業はみな、社員が個人の理想に近づけるよう手を貸せば、会社も必然的に理想に近づくことになると信じているのである。

そうした企業の社内を歩いていると、かなり進化した形の忠誠心が芽ばえているのがわかる。社員のプライベートな目標に協力すれば、今度は社員が自社の掲げる目標を達成しようと情熱を燃やしてくれることを会社側は理解している。

この新しい忠誠心は、高度な団結力を持つ組織が生まれ、それが機能するようになるための土台である。何百年ものあいだ職場で培われてきた〝やつらとわれら〟という労使の対立意識は、積極的な協調精神にとって代わられる必要がある。そしてこうした協力態勢は、社員と会社双方が、「相手はこちら側の利益を念頭においてくれている」と確信できて初めて実現できるものである。

会社が個人の理想を追求する社員の邪魔をすれば、社員もまた、意識的にせよ無意識にせよ、会社の掲げる目標に反発し、結局は会社の理想の実現を阻むことになる。社員の理想と企業の理想は、じつは密接にリンクしているのだ。

管理職の仕事は、会社の目標達成のために部下の力を結集させることである。これまでは、そのためにアメとムチに大きく依存してきたが、それはもう過去の話だ。いまこそ「夢によるマネジメント」という、はるかに効果的な方法を選択すべきときである。

21世紀の管理職がすべきこと

人を導き管理することが、かつてないほど難しい時代になってきている。

大企業のトップでも小さな部署の責任者でも、あるいは子どもの親でも、それは変わらない。自分を管理することさえ、可能性と機会にあふれた現代社会においては複雑かつ困難になっているのだ。明快な答えはどこにあるのか？　それはわたしたちが人として、組織として、目指すものを深く充分に理解するところから始まる。

管理職は、組織の理想を実現するために力を尽くす責任を負っている。この役割は昔もいまも変わらない。ただ現在は、この目標の達成が、個人の理想を実現しようと努力する人々によって構成されたチームにかかっていることを理解していなければならない。

したがって、これからの〝すぐれた管理職〟とは、会社を発展させる方法を見つけると同時に、部下が仕事上でも個人としても伸びていけるよう手を貸せる人ということになる。

仮に社員の犠牲のもとに会社を発展させようとする管理職がいるとしたら、会社も社員も両方が傷つくことになるだろう。同様に、会社を犠牲にして社員の利益を図ろうとする場合も、結局は両方が損をすることになる。両者はたがいに助けあいながら共存する方法を見つけなくてはならない。その方法とは、両者が同じように価値を高めることのできる方法である。

これまで長いあいだ、会社は社員を豊かにすると見せかけて、じつは会社がほしいものを得るためのプログラムに莫大な資金を投資してきた。そうしたプログラムが冷笑され、平凡な結果に終わることに驚く理由がどこにあるだろう。いまも多くの経営陣は、本当の意味で社員を豊かにするプログラムこそ会社側に利益があるということを信じようとせず、ひたすら冷ややかな目を向けている。

こうした会社は、驚くべき真実を見逃している。たとえば、社員に自分の金をどう管理すればいいかを教えれば、会社の金をもっと効果的に管理するようになるし、個人的な経済問題に気をとられて仕事に身が入らないということもなくなる。あるいは社員が健康的なライフスタイルを身につけられるようにすれば、元気になった社員はもっといい仕事をするようになるし、会社が負担する医療保険料も減る。こうした好循環は、例をあげればきりがない。

社員が自分自身のためにやらないことを、会社のためにやってくれると期待するのはまちがっている。

自分の資産をちゃんと管理できない人間を会計士に雇うとしたら、わざわざトラブルを招くようなものだ。私生活で人とうまくやれない人間を社内コミュニケーションの担当役員に雇うとしたら、まちがいなく厄介の種になるだろう。

わたしは常日ごろ、たくさんの企業トップと仕事をしているが、「役員たちが企業の戦略計画づくりに本気になってくれない」という悩みをよく耳にする。「Eメールや留守電をチェックしに、しょっちゅう休憩をとりたがるのはどうしたものだろうね」これは最近ある社長からいわれたことだ。

だがこうした役員たちの私生活を子細に見れば、解決策は見えてくる。彼らの大半は人生の計画がいい加減で、毎年の休暇の計画にばかり時間を費やしているのがわかる。わたしたちが企業向けに実施している2日間の役員研修のなかでもとくに成果をあげているのは、彼らに個人的な人生設計プランを立ててもらうプログラムである。まずは前述した12

のカテゴリー（肉体、感動、知性、精神世界、心理、物質、仕事、経済、創造性、冒険、後世に遺すもの、性格）について、人生を検証する。それから企業の一般的な戦略作成法を人生に応用して、具体的かつ測定可能な指標を備えた人生の戦略を立ててもらうのだ。

彼らのほとんどは、何十年も会社や部署のための戦略を立ててきた経験を持っているが、このようにして人生設計に取り組んだことはない。

かくして、このプログラムを終えたとき、彼らにとって会社の戦略づくりはまったく新しい意味を持つようになる。まずまちがいなく、これまでとは比べものにならないレベルの情熱を伴うようになるのだ。

人生の戦略を立てることの大切さを教えれば、人は仕事のうえでもそれが重要であることをおのずと理解する。

夢や理想も同じである。会社の夢や理想に本気で取り組んでほしければ、まずは社員が個人の夢や理想に取り組むよう促さなければならないのだ。

「普通」に甘んじることなかれ！

さて、ここまで読み終えたら、いよいよ次のステップに沿って実践を開始しよう。

ステップ① あなた自身の夢リストをつくる。12のカテゴリーをよく検討し、１００の夢をリストアップする。

ステップ② 毎朝30分、部下とざっくばらんな雰囲気のなかで1対1で話す。そして彼らの仕事や人生に心から関心を持つ。

ステップ③ 部下を集めてドリーム・セッションを行う。その前にメモを配るかミーティングを持つかして、ドリーム・セッションとは何か、どういう手順で進めるか、何を目指しているかといったことを説明する。どう受けとられるかが不安なら、部下全員、あるいは何人かに、あらかじめこの本を読ませておく。

ステップ④ 部下の夢に関心を持つ機会として、人事面接を利用する。各人の夢のなかからあなたが力になれる夢をひとつ選び、1年以内に達成できるよう励ます。同時に、この機会を利用して、あなたが会社や部署やプロジェクトに対していだいている夢を部下と共有する。

わたしは、ドリーム・マネジャー・プロジェクトをあなたの会社に正式に導入することをぜひ本気で考えていただきたいと願っているが、それとは別に、非公式にならいまからでも実施は可能である。こちらはコストがかからない。しかし結果はすぐにでも現れるだろう。

夢は、「何が人間を動かすのか」ということについて、じつに魅力的な洞察を与えてくれる。どんな職種の管理職にとっても、知っていて損はない知識だ。

あなたのチームやあなたの人生に関わっている人々の夢に積極的に関心を持ち、彼らが夢の実現に向けて大きく踏みだせるよう励まし、そしてあなたの仕事の夢、個人的な夢を彼らと分かちあう勇気を持とう。やがて時が経つにつれ、あなたのまわりの人が同じことをやりはじめるにちがいない。そのときあなたは、新たな協調精神と、夢を見る文化が持つ力強いパワーを目のあたりにするだろう。

「ドリーム・マネジャー・プロジェクト」がいままでとはまったくちがうマネジメント手法であることは、わたしだけでなくあなたも認めるだろう。だが競争社会において、社員をやる気にさせ、活力ある組織をつくりたいと本気で考えるならば、ちがうことこそ必要なのだ。

みなさんにいいたい。どうか「普通」に甘んじないでほしい。管理職として、友人として、夫や妻として、親として、経営者として、市民として、決して平凡であるなかれ！

謝辞

人生は夢とともにある。人間は未来に目を向け、心に描き、それを実現しようと現在にはたらきかけるすばらしい能力を持っている。

わたしの人生は実現した夢であふれており、このことでは感謝すべき人がたくさんいる。わたしの過去、現在、未来におけるすべてのドリーム・マネジャーに対し、人生でもっとも貴重なもの、すなわち時間という贈り物をくれたことにお礼をいいたい。あなたがたはわたしのコーチであり、友人であり、先生であり、牧師であり、英雄であり、親であり、そしてときには、まるで神の意志であるかのごとくわたしの行く道を通りかかる見知らぬ人であった。あなたがたは夢を追うわたしに手を貸してくれ、夢が砕け散ったときには慰めてくれた。本当にありがとう。

読者のみなさんへ。みなさんにこうして言葉を伝えられることをとてもうれしく思っています。世界中にこれだけ本があふれるなかで、わたしの書いたものを選び、読んでくださったことを、とても光栄に感じています。この感謝の気持ちは、言葉では到底いいつくせません。

この本を誰かに紹介してくださったみなさんへ。わたしの本を読むだけでなく、ほかの人に伝えようという使命を帯びて行動してくださったありがたい方々に対しては、あなたの影響の輪のなかにわたしを加えていただいたことを感謝します。

そしてこの場を借りて、以下の人々にお礼をいわせていただきたい。ビジネスへの情熱をかきたててくれた父。目標設定と計画の大切さを教えてくれた兄サイモン。そしてトニー・ミラー、あなたは天才だ。パトリック・レンシオーニ、あなたの助言と励ましはまるで新鮮な空気のようだった。何度も飽かず原稿を読んでくれたベサニー・ホーキンス。ダン・ブランナートとベレスフォード・コンサルティングの元同僚たち。そして最後に、出版に対するわたしの信頼をたった1人で回復させたウィル・シュワルベに。「あなたと仕事ができて本当によかった」

みなさんに、すばらしいことが起こりますように！

弊社刊行物の最新情報などは
以下で随時お知らせしています。
ツイッター
@umitotsuki
フェイスブック
www.facebook.com/umitotsuki
インスタグラム
@umitotsukisha

ザ・ドリーム・マネジャー

2008年10月19日　初版第1刷発行
2022年6月5日　第5刷発行

著者
マシュー・ケリー

訳者
橋本夕子《はしもとゆうこ》

挿画
大野八生

印刷
萩原印刷株式会社

発行所
有限会社 海と月社
〒180-0003　東京都武蔵野市吉祥寺南町2-25-14-105
電話0422-26-9031　FAX0422-26-9032
http://www.umitotsuki.co.jp

定価はカバーに表示してあります。
乱丁本・落丁本はお取り替えいたします。

ISBN978-4-903212-09-8

あなたらしく導きなさい

フランシス・ヘッセルバイン／伊東奈美子訳
◉1800円（税別）　祖母の教え、ガールスカウト再建から、ドラッカーとの思い出、歴代大統領や世界的リーダーとの逸話まで、温かくも力強い上質のアドバイス。

リーダーシップ・チャレンジ［原書第五版］

ジェームズ・M・クーゼス　バリー・Z・ポズナー
金井壽宏解説／関 美和訳 ◉2800円（税別）　世界180万部突破。25年超の徹底調査から導かれた、圧巻の手法と事例を満載。最も信頼される実践テキストの最高峰。

メンバーの才能を開花させる技法

リズ・ワイズマン＆グレッグ・マキューン／関 美和訳
◉1800円（税別）　「Thinkers50」に選ばれたリーダー育成の第一人者が、今の人材のままで成果を倍増させる方法を詳細に指南。スティーブン・コヴィーも絶賛。

ルーキー・スマート

リズ・ワイズマン／池村千秋訳
◉1800円（税別）　ウォール・ストリート・ジャーナル紙ベストセラー。大規模調査を元に「ルーキーの活かし方」「ベテランが輝きはじめる法」を伝授。組織の活性化に。